Das Buch

An einem Februartag setzte in Köln-Widdersdorf der Ägypter Amer Ragab (33) nacheinander seinen drei Kindern einen Revolver an die Schläfe – und drückte ab. Diese Schüsse markierten das Ende einer zerrütteten Ehe, die sich an den Anforderungen zweier unterschiedlicher Kulturen aufgerieben hatte.
Gabriele Mörsch beschreibt in ihrer authentischen Sprache ebenso eindringlich wie aufrüttelnd ihre schwierige Partnerschaft, die voller Liebe begonnen hatte. Auf einer Urlaubsreise durch Ägypten hatte sie Amer kennengelernt. Trotz gewisser Vorbehalte willigte sie in eine Ehe mit ihm ein, als sie schwanger wurde.
Gemeinsam lebte die Familie zunächst in einem ägyptischen Dorf, dann in Köln. Doch wurden die Konflikte zwischen den so unterschiedlichen Partnern immer größer. Als Gabi entmutigt die Scheidung einreichte, setzte Amer der Ehe ein blutiges Ende.

Die Autorin

Gabriele Mörsch wurde 1952 in Köln geboren, wo sie auch ihre Jugend verbrachte und als Sekretärin arbeitete. Sie heiratete 1982 den nubischen Ägypter Amer und folgte ihm 1983 nach Ägypten, wo ihr erstes Kind – Fatima – geboren wurde. Nach einigen Jahren kehrte die dreiköpfige Familie nach Köln zurück. Dort kamen die Zwillinge Gregor und Gloria zur Welt. Heute lebt Gabriele Mörsch in Spanien, wo sie ihre dritte Heimat gefunden hat.

Gabriele Mörsch

Meine Kinder wollten leben

Die tragische Geschichte einer
deutsch-ägyptischen Familie

Ullstein

Der Ullstein Taschenbuchverlag ist ein Unternehmen der
Econ Ullstein List Verlag GmbH & Co. KG, München
3. Auflage 2001
© 1999 by Gabriele Mörsch
© 1999 by Alhulia, s. l.
Umschlagkonzept: Lohmüller Werbeagentur GmbH & Co. KG, Berlin
Umschlaggestaltung: Christof Berndt & Simone Fischer, Berlin
Titelabbildung: Image Bank, München
Gesetzt aus der Sabon, Linotype
Satz: Josefine Urban – KompetenzCenter, Düsseldorf
Druck und Bindearbeiten: Elsnerdruck, Berlin
Printed in Germany
ISBN 3-548-35984-1

In zärtlichem Gedenken an
Fatima, Gregor und Gloria.
Ihr werdet nie vergessen sein!

Wohin? Wo soll ich hin?
Mein rasender Gemahl verfolgt mich.
Ohne Retter irr' ich umher.
So weit das Land mich trägt.
Und bin entdeckt, wohin ich irre.
Ha! Nun erkenn' ich Dich,
grausame Königin der Götter.

(Ramler nach Ovids *Metamorphosen*)

Meinen allerherzlichsten Dank möchte
ich Marion und Erich Möller aussprechen.
Ohne ihren tatkräftigen Zuspruch und ihre
Hilfe wäre dieses Buch nie entstanden.

Inhalt

Vorwort 9
Amer 12
Gabi 17
Amer und Gabi 24
Mein Leben in Ägypten 42
   Haus, Haushalt und das tägliche Leben 42
   Die arabische Sprache 49
   Haushalt, tägliches Leben, fremde Sitten 52
   Fatma Abdul Rahman 63
   Freunde und Gastfreundschaft 66
   Fatima 71
   Mutterfreuden 85
   Der Islam 88
   Beschneidung 93
   Der Besuch der Eltern 96
   Krankheit und Reise nach Deutschland 100
   Wieder in Ägypten 105
   Hochzeit, Ehe, Liebe 107
   Rückkehr nach Deutschland 116
Wieder in Deutschland 121
   Widdersdorf 121
   Goltsteinstraße 130
   Zurück nach Widdersdorf 140

21. Februar 1988	161
Danach	167
Gloria	171
Gabi	177
Behörden	189
Ein Jahr später	192
Anhang	198
Käthie	198
Thomas	207
Bruno	212
Laura	215
Brigitte	216

Vorwort

Vor mehr als zehn Jahren erschütterte die Menschen in Deutschland eine Meldung. Ein Vater hatte seine drei kleinen Kinder und dann sich selbst erschossen. Die Kinder, die er mit sich riß, waren auch meine Kinder, und er, der die Tat vollbrachte, war noch mein Ehemann, ein ägyptischer Nubier, von dem ich und die Kinder getrennt lebten. Die Ausübung seines Besuchsrechtes gab ihm die Möglichkeit zu seiner Verzweiflungstat in meinem Hause, während ich ihn für einen Augenblick mit den Kleinen allein ließ.

Wie ist es möglich, solch grauenvolles Geschehen zu überleben? Wie wird man mit der plötzlichen Leere, mit dieser quälenden Sinnlosigkeit fertig, nachdem die Wirkung der Medikamente, die in den ersten Wochen die Gegenwärtigkeit vernebelte, aufgehört hatte? Ist es ein Trotz gegen das Schicksal, ein Kampf ums Überleben, der die erste Zeit danach bestimmt? Ist es möglich, die ständig aufsteigenden Erinnerungen so zu verdrängen, daß sie nicht übermächtig werden?

Ich glaube nicht, daß in jener Zeit meine Haltung, meine Handlungen irgendeinem bewußten Willen gehorchten. Es muß eine Urkraft des Lebens sein, die die selbstherrliche und doch so verzweifelte Vernünftigkeit beiseite drängt und nur noch das zuläßt, was dem Überleben dient.

So vergingen die Jahre, bis ich nach langer Zeit in einem plötzlichen Augenblick auftauchte aus der Unbewußtheit meines Daseins und wie eine Erwachende der Wirklichkeit des Tages gewiß wurde. Es war der Geburtstag meiner ältesten Tochter Fatima. Sie war plötzlich wieder da. Ich konnte an sie denken. Ich konnte über sie weinen. Aber auch ihr Lachen war gegenwärtig, und darin wurden auch ihre kleinen Geschwister einbezogen.

Nach diesem Tag wurde es mir immer klarer, daß ich jene Zeit trotz ihres verhängnisvollen Endes nicht in der Vergangenheit untergehen lassen durfte. Es war doch ein Teil, ein wichtiger Abschnitt meines Lebens, zu dem drei Kinder und ein Mann gehörten. Die Kinder hatten es nicht verdient, daß sie nach ihrem furchtbaren Ende nun auch noch in die totale Vergessenheit abgeschoben wurden.

Es war dieses Bekenntnis zu ihnen, das mich dazu befähigte, den Spuren des Verhängnisses nachzugehen. Und allmählich schälte sich eine Methode der Vergegenwärtigung heraus, die einer protokollarischen Erfassung nicht nur der Geschehnisse, sondern auch der Hintergründe und der menschlichen Voraussetzungen gleichkam.

In diesem Sinne sind die abschnittsweisen Zusammenfassungen zu verstehen. Sie folgen im allgemeinen dem zeitlichen Ablauf. Zum besseren Verständnis der Verhältnisse und auch der wichtigen Personen sind Abschnitte eingefügt, zum Beispiel über den Islam oder die arabische Sprache. Damit soll kein Unterricht erteilt werden, sondern Hilfestellung zum Verstehen sonst unklarer Zusammenhänge gegeben werden.

Wenn ich mit dieser Aufzeichnung nicht nur mein ganz persönliches Anliegen erfüllte, sondern auch Menschen, die mit ähnlichem Schicksal fertig werden müssen, Hilfe gegeben hätte, so wäre dieses »Protokoll eines Verhängnisses« nicht vergebens geschrieben.

Die im Anhang zusammengefaßten dazugehörigen Erinnerungen meiner Verwandten, die sie auf meine Bitte hin schrieben, sind deren persönliche Meinungen und Gesichtspunkte. Sie mögen Licht auf Zusammenhänge werfen, die ohne sie weniger verständlich wären.

La Herradura,
GABRIELE MÖRSCH

Amer

Amer wurde im Jahr 1955 in Assuan, Ägypten, geboren. Seine Mutter, Fatma, war seines Vaters Zweitfrau, und dieser hatte bereits fünf Kinder mit seiner Erstfrau.[1] Für Amers Mutter war es bereits die dritte Ehe. Das erste Mal wurde sie mit dreizehn Jahren verheiratet, lief ihrem Mann aber in den ersten Wochen der Ehe davon. Sie hatte das Glück, wieder in ihrer Familie aufgenommen zu werden, obwohl üblicherweise in Ägypten die Eltern ihren Töchtern die Rückkehr verweigern, wenn sie ihren Ehemännern davonlaufen. Sie haben doch schließlich den Ehemann selbst ausgesucht, und die Ehe sollte schon nach dem weisen Rat der Familienoberhäupter funktionieren. Man fand alsbald einen neuen Ehemann für sie, und mit diesem blieb sie bis zu seinem Tode verheiratet. Danach heiratete sie Amers Vater. Er war bereits verheiratet, und Fatma mußte sich ihn mit seiner Erstfrau teilen. Infolgedessen hatte Amer viele Halbgeschwister, aber nur einen richtigen Bruder. Es waren ursprünglich viel mehr Geschwister, denn Fatma hat insgesamt dreizehn Kinder geboren, von denen nur vier das Erwachsenenalter erreichten. Die Säuglings- und Kindersterblichkeitsrate ist heute immer noch sehr hoch in Ägypten. Amers Vater war früh gestorben, er war

1 Dem islamischen Mann sind bis zu vier Ehefrauen gestattet.

viel älter als Amers Mutter. Er arbeitete als Hauswart und Pförtner im Mausoleum des Aga Khan, welches unserem Stadtteil gegenüber auf einer Nilinsel lag, oberhalb der Sommerresidenz der Begum. Aga Khan hatte Assuan geliebt und häufig aufgesucht, weil er rheumakrank war, und der warme trockene Wüstensand, in den er sich immer wieder eingraben ließ, hatte sein Leiden gelindert.

Von Amers Vater gab es nur ein einziges Foto, das ihn vor dem Mausoleum stehend zeigt. Auf dem Foto sieht man einen schmächtigen, für einen Nubier ziemlich hellhäutigen älteren Mann, mit weißem Turban und weißer Galabea.[1] Er soll ein fleißiger, frommer, aber wortkarger Mann gewesen sein. Er hatte all seinen Söhnen ermöglicht, zur Schule zu gehen, und als er starb, war Amer im Alter von zehn Jahren plötzlich Familienoberhaupt und mußte für seine Mutter und seinen einjährigen Bruder sorgen.

Er war interessiert und intelligent und hatte die volle Unterstützung seiner Lehrer, so daß er bis zum Schulabschluß durchhielt, obwohl er sich gleichzeitig um den Unterhalt seiner Familie kümmern mußte. Er nahm alle Arbeiten an, die sich anboten: Laufbursche, Tellerwäscher, Kellner, zeitweilig Diener für ausländische Familien, bei denen er Englisch lernte und im Alter von zwölf Jahren das erste Mal am Tisch sitzend seine Mahlzeit einnahm. Dort lernte er außerdem, wie man ohne Zuhilfenahme der Finger – nämlich mit Messer und Gabel – ißt.

Diese schwierigen Jahre waren sehr hilfreich, denn er konnte später als Touristenführer viel Geld verdienen und lernte interessante Leute kennen. Ein Jahr lang arbeitete er auf einer Ölbohrinsel in der Libyschen Wüste, was sehr gut

---

[1] Die Galabea ist das traditionelle luftige, dünne, bis zum Boden reichende Gewand.

bezahlt wurde, aber die Hölle gewesen sein mußte. Als Agatha Christies Kriminalroman »Der Tod auf dem Nil« zum Teil in Assuan verfilmt wurde, war Amer ein gutbezahlter Mitarbeiter. Er besorgte sämtliche einheimischen Statisten, versorgte das Filmteam mit Lebensmitteln, spielte selbst kleine Rollen und schaffte Kulissen herbei. Vor einigen Jahren sah ich im Fernsehen eine Reportage über Ägypten, und es wurde unter anderem auch über die Dreharbeiten zu diesem Film berichtet. Plötzlich sah ich meinen bereits verstorbenen Mann hier in Spanien auf dem Bildschirm. Mir stockte der Atem.

Aus Amers Kindheit sind mir nicht viele Dinge bekannt. Er ist als Kleinkind einmal verschwunden gewesen und erst nach einer Woche wieder aufgetaucht, und das kam so:

Die ägyptische Frau ist stets von Kopf bis Fuß in weite, schwarze Gewänder gehüllt. Alle Frauen haben fast immer ein Kind bei sich, sei es das eigene, eines ihrer Geschwister oder Nachbarskinder. Eine Frau ohne ein Kind sieht man selten. Man läßt die Kinder nicht allein zu Hause. Kinderwagen gibt es nicht. Nun kennt man aber auch nicht die Sitte, Kinder bei der Hand zu halten. Die jüngsten Kinder werden getragen und wo man geht und steht auch gestillt. Die Kinder werden so lange herumgetragen – selbst wenn sie längst laufen können –, bis das nächste Kind geboren wird. Dann wird das ältere Kind abgesetzt und muß nun sehen, wie es zurecht kommt. Die Mutter trägt nun ein anderes Kind auf dem Arm. Die älteren laufen dann wie verloren hinter der Mutter her und halten sich an den schwarzen Gewändern irgendwie fest, um die Mutter nicht zu verlieren. So ist die Frau gewöhnt, daß meist ein Kind an ihrem Rockzipfel hängt, und achtet auch nicht weiter drauf.

Amers Mutter ging eines Tages zum Suk – auf den Markt –, um einzukaufen. Dort traf sie viele Freundinnen, Verwandte und Bekannte. An jedem Gemüsestand blieb sie stehen, um zu handeln oder mit einer Freundin zu sprechen. Sie trug schwer beladen ihre Einkäufe nach Hause – die Einkaufskörbe werden auf dem Kopf getragen –, und vielleicht trug sie auch noch etwas in der Hand. Nun, so bemerkte sie ziemlich spät, daß ihr das Kind fehlte, das normalerweise an ihrem Rockzipfel hing. Das ganze Dorf half mit zu suchen, aber das Kind blieb verschwunden. Es wurde bereits entsprechend betrauert, als eine Woche später, am nächsten Markttag, das Kind wieder auftauchte. Was war passiert?

Das Kind Amer hatte in der Menschenmenge den falschen Rockzipfel gegriffen und war mit der falschen Frau mitgegangen, und diese – auch gewohnt, daß immer ein Kind am Kleidersaum hängt – kümmerte sich nicht weiter darum. Sie bemerkte das fremde Kind erst auf der Fähre, die sie zu ihrem entlegenen Wüstendorf auf die andere Seite des Nils brachte. Um nicht wieder zurückfahren zu müssen, behielt sie das Kind bei sich und brachte es in der darauffolgenden Woche, am nächsten Markttag, wieder mit, wo es der »rechtmäßigen« Mutter wieder übergeben werden konnte.

Meiner Beobachtung zufolge liegt die hohe Säuglings- und Kindersterblichkeit nicht nur an der mangelnden medizinischen Versorgung oder unzureichenden Hygiene. Unterernährung ist so gut wie ausgeschlossen. Oft sind die Erwachsenen selbst schuld, weil sie sich zu wenig um ihre Kinder kümmern. Es gibt viele vermeidbare Unfälle mit Herdfeuer, Tieren und auch im Straßenverkehr. Ich möchte ihnen wirklich keine mangelnde Elternliebe unterstellen, aber die fatalistische Einstellung »der liebe Gott gibt und der liebe Gott nimmt« beobachtet man immer wieder im täglichen Leben. Hinzu kommt die absolute Unkenntnis über Hygiene und medizinische Betreuung von Kleinkindern, so daß nur die stärksten und gesündesten überleben können.

Amer hat sich auf Grund seiner guten Schulbildung frühzeitig um eine Lehrerstelle bewerben können. Aber die entsprechende Antwort hierauf hat ein paar Jahre auf sich warten lassen. Welches System bei der Auswahl der Lehrer zugrunde gelegt wird, habe ich nie erfahren.

Wenn Amer Geld hatte, so hat er dieses sofort ausgegeben. Mutter und Bruder haben gut von seiner Arbeit gelebt und ebenso zwei Neffen, Söhne seiner verstorbenen Halbschwester, die mit im Haushalt wohnten. Bald war er in der Lage, ein großes Haus zu bauen. Außerdem erwarb er eine Feluka. Eine Feluka ist ein typisches Nilsegelboot, das bis zu zwanzig Personen Platz bietet. Dieses Boot sicherte ihm nun weitere Einkünfte, denn eine Nilfahrt in einer Feluka ist für jeden Ägyptentouristen ein absolutes Muß.

Gabi

Geboren im Jahre 1952 als zweites von drei Kindern. Mein älterer Bruder war ein hübsches, intelligentes Kind mit blonden Locken, das nur ein Jahr älter war, in allem immer einen kleinen Schritt voraus, trotzdem unerreichbar, unbesiegbar. Der jüngere Bruder war schon im Säuglingsalter krank, was die volle Aufmerksamkeit der Eltern beanspruchte.

In der Schule war ich weder gut noch schlecht. Meine Lehrer bemängelten oft mein »jungenhaftes« Benehmen den Mitschülern gegenüber – auf der Straße und dem Spielplatz wußte ich mit den Fäusten mein Recht durchzusetzen, denn es galt, meinen kleinen Bruder vor den anderen zu beschützen.

Die Kindheit im Köln der fünfziger Jahre war schön. Wir Kinder konnten ungestört noch auf den Straßen spielen, es gab wenig Autoverkehr, viele Trümmergrundstücke, die zum Spielen einluden.

Nach der Volksschule schickte man mich auf das Gymnasium, und die Umstellung fiel mir zu Anfang nicht leicht. Die Schulzeit war trotz Lernen, Prüfungen und Hausaufgaben eine schöne Zeit. Es entwickelten sich Freundschaften. Man ging zur Tanzstunde, später in Diskotheken. Ich wurde von meinen Mitschülerinnen oft um die Freiheit beneidet, die mir meine Eltern ließen.

Da mein Bruder Thomas noch lange mit seiner Asthmakrankheit kämpfte, mußte man ihn in ein Internat schicken, um dem schlechten Kölner Klima zu entkommen. Unsere Mutter war ab 1965 wieder berufstätig, und nun fielen meinem Bruder Bruno und mir viele Aufgaben im Haushalt zu, die unsere Selbständigkeit förderten.

Im Alter von achtzehn Jahren, ein Jahr vor dem Abitur – einmal war ich sitzengeblieben – beging ich den Fehler, die Schule zu verlassen. Ich hätte das Klassenziel durchaus erreicht, was mir mein Abgangszeugnis bestätigte, aber ich hatte Angst zu scheitern – hinzu kam, daß viele meiner Freundinnen auch von der Schule abgingen und ins Berufsleben einstiegen, und da wollte ich mithalten.

Selbstverständlich habe ich diesen Entschluß später tausendfach bereut, fand aber nie mehr die Energie, den Schulabschluß nachzumachen, nachdem ich einmal im Berufsleben war.

Leider hatte ich auch gar keine Vorstellung von dem, was ich beruflich machen könnte. Ich hatte keine ausgeprägten Interessen und wußte nur, daß ich sprachlich leidlich begabt war und eine gewisse musische Veranlagung hatte. Aber was sollte ich damit anfangen?

Ich arbeitete vorübergehend beim Westdeutschen Fernsehen als Komparsin, was anfänglich interessant war und auch Geld einbrachte, aber auf die Dauer keine Lösung war oder gar einen Beruf ersetzte. Nach einem halben Jahr begann ich eine Lehre als Einzelhandelskauffrau bei einem Kaufhauskonzern, die ich aber nach einigen Wochen wieder »schmiß«. Ich hatte die Vorstellung, daß zur Ausbildung eines Kaufmannes in der Berufsschule gelernt werden müsse. Aber ich sah mich mehrere Wochen lang jeden Tag im Kaufhaus in der Abteilung für Röcke und Blusen herumstehen. Es gab absolut nichts für mich zu tun. Nach einer Auseinandersetzung mit einer hart arbeitenden Verkäuferin, die sich über mein von oben angeordnetes Nichtstun ärgerte, ging ich nach Hause und habe dieses Geschäft nie wieder – außer später als Kundin – betreten.

Danach begann ich bei einer Versicherung eine »Ausbildung« als Sekretärin. Die Neuankömmlinge wurden zum Schreibmaschineschreiben ausgebildet, und ich fand mich dann nach kürzester Zeit als Phonotypistin in einem Großraumbüro wieder. Die endgültige Ausbildung zur Sekretärin hätte ich mir dort in den folgenden drei Jahren harter »Fließbandarbeit« im Großraumbüro verdienen müssen. Also bin ich nach sechs Monaten dort auch wieder weggegangen und habe durch eine Zeitungsannonce eine Stelle in der Verwaltung der Universitätskliniken in Köln gefunden. Daß meine Mutter dort im Radiologischen Institut arbeitete, war reiner Zufall.

Die Arbeit dort hat mir viel Freude gemacht und die ersten Erfolgserlebnisse beschert. Zum ersten Mal hatte ich mit Menschen, das heißt mit Patienten, zu tun. Dies machte mir Freude. Die Büros in dem uralten Gebäude waren klein und gemütlich und mit Blumen geschmückt, das Radio lief den ganzen Tag. Die Kollegen waren nett. Wir feierten viel und arbeiteten nur das Nötigste.

Die Unikliniken wurden dann umgebaut, die schönen alten Klostergebäude und Gärten wurden abgerissen. Ein riesiger moderner Hochhausklotz beherbergte anschließend die meisten Stationen und auch die Verwaltung. Unsere Abteilung wurde in ein Großraumbüro verlegt, und nun machte die Arbeit keinen Spaß mehr. Plötzlich war jeder des anderen Feind, man beobachtete und bespitzelte sich gegenseitig. Es durfte nicht laut gesprochen werden, um die Kollegen nicht zu stören, und mittendrin saß der Chef, der alle Leute kontrollierte. Es war interessant zu beobachten, wie bei dieser neuen Bürogestaltung die Kollegen die Freude an der Arbeit verloren, weniger leisteten und plötzlich häufiger »krank feierten«.

Da bekam ich vom Radiologischen Institut das Angebot, dort als Sekretärin zu arbeiten. Meine Mutter hatte sich für mich eingesetzt, weil sie wußte, daß ich mich in der Verwaltung nicht mehr wohlfühlte. Wiederum wechselte ich also die Stelle und war wieder zufrieden.

Es war eine Arbeit, in die ich mich sehr stark eingewöhnen mußte, weil vieles neu und ungewohnt war, aber ich brauchte nicht lange. Es wurde eine schöne Zeit. Die Kolleginnen waren Röntgenassistentinnen und Ärzte – wir waren alle ungefähr im gleichen Alter –, und wir haben viel Spaß miteinander gehabt. Meine Mutter arbeitete als Chefsekretärin unseres »Bosses«. Ich beobachtete, daß die ausgelassene Stimmung am Feierabend und der übermäßige Alkoholgenuß nach der Arbeit als Ventil gebraucht wurden für das viele menschliche Elend, das das Personal miterleben mußte.

1976 wurde ich von meinem Chef in eine seiner anderen Abteilungen versetzt, nämlich in die Radiologische Abteilung der Kinderklinik, die auch zu seinem Institut gehörte. Hier wurde die Arbeit für mich noch viel interessanter. Während in der großen Abteilung für Radiologie jede der Sekretärinnen ihr Arbeitsgebiet hatte, mußte ich nun hier alles alleine machen. Die Abteilung war kleiner und übersichtlicher, und der Umgang mit kranken Kindern und deren Eltern erforderte wiederum eine Umstellung, die mir nicht schwerfiel.

1969 – mit siebzehn Jahren – fuhr ich zum ersten Mal alleine in Urlaub. Man lud mich zu einem Schüleraustausch nach Rom ein. Die Einladung erfolgte über unsere zuständige Pfarrei, und nachdem meine Eltern ihr Einverständnis gegeben und mir ein Zugticket gekauft hatten, fuhr ich mit dem

Zug alleine nach Rom, ohne zu wissen, was auf mich zukam, Ich fühlte mich wie eine Abenteurerin und habe dann wunderschöne Ferien bei einer netten italienischen Familie verbracht.

Als ich neunzehn Jahre alt war, zog ich zum ersten Mal von zu Hause fort. Unsere Drei-Zimmer-Wohnung wurde zu klein. Mein Bruder Bruno, der bereits sein Jurastudium begonnen hatte, hatte ein Zimmer in der Wohnung unserer Großmutter bezogen, die ein Stockwerk unter uns wohnte, und ich teilte mir immer noch ein Zimmer mit meinem Bruder Thomas. Wir haben uns gut verstanden, aber unsere Interessen kollidierten immer wieder. Da ich mein eigenes Geld verdiente, konnte ich mir ein kleines Appartement leisten. Mit großer Begeisterung kochte ich mir meine ersten Mahlzeiten. Meine Wäsche durfte ich zum Waschen zu meiner Mutter bringen. Ich genoß die Freiheit, alle meine Freunde bei mir übernachten zu lassen.

Meine Eltern mieteten später ein schönes Einfamilienhaus auf dem Lande, außerhalb von Köln, und ich bin wieder zurückgezogen, weil dort jetzt ein Zimmer für mich zur Verfügung stand. Eine Freundin von mir ist gleich dort mit eingezogen.

Mit zwanzig Jahren war ich zum ersten Mal richtig verliebt. Ahmad wohnte in Hamburg. Es war eine Liebe auf Entfernung, und ich gab viel Geld für Bahnfahrten aus. Er kam aus Persien und hatte in Deutschland ein Stipendium für sein Studium erhalten. Als er nach Hause zurück mußte, habe ich ihn zusammen mit seinem Freund Rüdiger aus Hamburg nach Hause begleitet: Ahmad kaufte ein Auto, welches er zollfrei als heimkehrender Student noch während des Schah-Regimes in Persien einführen durfte.

Es wurde eine abenteuerliche Reise über Österreich, Jugoslawien, Bulgarien, Türkei und dann schließlich Teheran.

Fremdartige Landschaften, Schnee, Wüste, Wälder, in Elendsbehausungen lebende Menschen in der Osttürkei sind mir lebhaft in Erinnerung geblieben. Das lebensfrohe Istanbul gefiel uns so gut, daß wir gleich zwei Tage dort blieben. Von Teheran habe ich auch interessante Eindrücke mit nach Hause genommen.

Nach vier Wochen flog ich wieder nach Deutschland zurück. Die Beziehung zu meinem persischen Freund war somit beendet, und unsere Briefe wurden immer seltener und hörten bald auf.

Meine Freundschaft zu Roni, den ich mit neunzehn Jahren kennenlernte, hält bis heute an. Wir lernten uns in einer Diskothek kennen, und unsere »Romanze« dauerte gerade mal zwei Monate. Aber er war meinen Eltern liebgeworden wie ein dritter Sohn, und an unserem familiären und freundschaftlichen Verhältnis änderte sich auch nichts, als er später heiratete.

1978 kauften meine Eltern nach einem Spanienurlaub ein Haus in Südspanien. Im darauffolgenden Jahr beschloß ich, zusammen mit meinem Bruder Thomas, nach Spanien auszuwandern.

Ich kündigte meine Arbeitsstelle in der Universitätsklinik, wir gaben unsere Wohnungen auf und verabschiedeten uns von unseren Freunden und fuhren mit meinem vollgeladenen Volkswagen nach Spanien. Thomas, der eine Lehre als Goldschmied gemacht hatte und auch in diesem Beruf arbeitete, nahm seine gesamte Goldschmiedewerkstatt mit. Er wollte sich in Spanien eine neue Existenz aufbauen. Aber 1978 war dies noch schwieriger als heute, wir sprachen kaum Spanisch und kannten niemanden, und schließlich wurde aus unserer »Auswanderung« nur ein langer Urlaub. Im Laufe des Sommers kamen uns fast alle Freunde aus Deutschland besuchen, und es war eine »Fiesta« ohne Ende.

Im Herbst, Thomas war schon vor mir nach Hause zurückgekehrt, gingen meine Ersparnisse zur Neige, und ich fuhr auch nach Deutschland zurück. Ich konnte bei meinen Eltern wohnen und fand bald eine neue Stelle bei einem großen Konzern, wo ich als kaufmännische Angestellte arbeiten konnte. Nun verdiente ich wieder Geld, konnte mir eine neue Wohnung und ein neues Auto leisten.

Meine Beziehung zu Gunter, meinem damaligen Freund, war mit meiner »Auswanderung« nach Spanien beendet – aber ich war immerzu in irgend jemanden verliebt –, und in La Herradura gab es bald auch jemanden, den ich in mein Herz schloß. Aber diese Art von Beziehungen auf Entfernung sind irgendwann zum Scheitern verurteilt. Mein letzter Spanienbesuch im Oktober 1981 war eher langweilig und frustrierend. Meine Kollegen merkten mir meine Unzufriedenheit nach der Rückkehr aus dem Urlaub an und empfahlen mir dringend, meine zukünftigen Urlaube doch anders zu gestalten. Es sei zu langweilig, meinten sie, immer nur an denselben Urlaubsort zu fahren. Sie brachten mir Prospekte und Kataloge mit, und wir suchten in der Mittagspause gemeinsam mein nächstes Urlaubsziel aus. Ich entschied mich für eine Reise mit Rotel-Tours durch Ägypten. Ein Freund meiner Eltern hatte bereits solch eine Reise gemacht und davon erzählt: Man fährt im Bus, in dem auch übernachtet wird, durch das Land. Zu den Mahlzeiten werden Campingstühle aufgestellt und im Bus mitgeführte Dosenmahlzeiten gegessen. Kurz entschlossen buchte ich meinen nächsten Urlaub.

Ich habe auf dieser Reise sehr viel gesehen und gelernt und mich für Ägypten begeistert, obwohl ich die Reise in diesem Bus an sich eher unbequem als abenteuerlich fand.

Amer und Gabi

Die letzte Station der Rotel-Tours-Reise durch Ägypten war Assuan. Wir blieben mehrere Tage dort. Gleich am ersten Tag stand eine Segelfahrt mit einer Feluka auf dem Programm.

Unser Bootsführer war Amer mit seiner *Albatros*. Er hatte noch zwei Helfer an Bord. Solch ein Boot, beladen mit fünfzehn oder zwanzig Personen, ist für einen Mann alleine schwierig zu segeln. Die Segelfahrt war romantisch und abenteuerlich zugleich. Wir passierten die traumschönen Nilufer und -inseln, und so war es einfach, den Kapitän auch traumhaft zu finden. Ich bewunderte die eleganten Bewegungen seines schwarzen Körpers mit seiner im Wind flatternden Galabea, die ihn bei der Arbeit offensichtlich nicht behinderte.

Wir machten fest an einer Insel, auf der uns Touristen in einem nubischen Dorf von einheimischen Frauen und Mädchen hergestellter Schmuck zum Kauf angeboten wurde. Man servierte uns starken süßen Tee, und nun setzte sich Amer mit seinem Teeglas zu mir, und es entspann sich unser erstes Gespräch. Ich fand ihn nicht nur sehr attraktiv, sondern er war auch einnehmend charmant und unterhaltend – er sprach ziemlich gut Englisch –, und während dieses Nachmittags auf dieser wildromantischen Nilinsel hat Amer mein Herz erobert.

Wir legten später wieder von der Insel ab, und plötzlich hielten drei Bootsführer das Boot an, packten ein paar Trommeln aus und begannen zu singen und zu tanzen. Dieser nubischen, rhythmischen, afrikanischen Musik, die nur aus Gesang besteht, der von Trommeln begleitet wird, kann man nicht ruhig im Sitzen zuhören, und die drei Männer animierten uns Touristen, mit ihnen auf dem Boot zu tanzen. Amer flüsterte mir zu, daß er dies alles nur für mich arrangiert habe, weil er mit mir tanzen wolle. (Später habe ich erfahren, daß dies zum üblichen Touristenprogramm gehörte und daß man mit allen Touristen dieses Spektakel veranstaltete.) Ich fühlte mich jedoch unendlich geschmeichelt und war selig.

Als wir wieder in Assuan ankamen und das Boot verließen, tat es mir sehr leid, daß dieser schöne Tag zu Ende ging und ich diesen sympathischen Mann nicht noch näher hatte kennenlernen können.

Aber welch ein Überraschung: Für den Abend stand ein Besuch des *Oberoi*-Hotels auf dem Programm. Das *Oberoi*-Hotel, das auf einer Nilinsel erbaut wurde, ist das beste Hotel in der Stadt. Kaum waren wir dort, da sah ich plötzlich Amer an der Hotelbar stehen. Diesmal war er in europäischer Kleidung, und ich ließ die Reisegruppe im Stich, die auf ihr Abendessen wartete. Ich ging zu Amer an die Bar, und wir tanzten die halbe Nacht in der Diskothek des Hotels.

An jenem Abend habe ich mich richtig in ihn verliebt. Als das Hotel seine Pforten schloß, sind wir mit der letzten Fähre zurück nach Assuan gefahren. Meine Gruppe war längst zum Bus zurückgekehrt, und ich nahm Amers Einladung an, mit ihm nach Hause zu gehen, wo wir den Rest der Nacht verbrachten. Ich war fasziniert von seinem schwarzen Körper und habe dann auch sehr schnell meine Bedenken beiseite geschoben, die mir ganz kurz kamen: Was treibst du hier, mitten in der Nacht, mit einem Schwarzen, den du heute erst kennengelernt hast, in einem nubischen Dorf, am Ende der Welt, weitab vom Schutz der Reisegruppe?

Aber es war alles viel zu schön, und Gedanken wollte ich mir später erst darüber machen, denn ich war jetzt richtig verliebt, und mir war alles egal. Sein einfaches, aber solide gebautes Haus mit den enorm dicken Wänden gefiel mir in jener Nacht, und als ich feststellte, daß das Haus keine Toilette hatte, hat mich das nicht abgeschreckt. Nein, ich fand es eher amüsant und exotisch, betrachtete ich doch in jener Nacht all diese Dinge durch die rosarote Brille.

Am nächsten Morgen allerdings, als ich mit Amer aus dem Haus trat, beschlich mich ein eigenartiges Gefühl. Es waren bereits viele Leute auf der Straße, Kinder liefen umher und hinter uns her, alte Leute saßen schon vor ihren Häusern und schauten uns stumm an. Was mögen diese Leute wohl von mir gedacht haben? Aber das war mir Augenblicke danach auch schon wieder egal, denn ich wußte ja, daß sie mich nicht kannten und mich auch nie wiedersehen würden. Sollten sie doch von mir denken, was sie wollten!

Amer brachte mich zum Bus zurück, wo die Reisegruppe bereits beim Frühstück war. Amer und ich verabredeten für den Nachmittag des gleichen Tages ein Wiedersehen. Das Touristenprogramm von Assuan mußte ich nun leider ausfallen lassen, ich hatte Wichtigeres zu tun!

Zum verabredeten Zeitpunkt kam Amer mich abholen, diesmal wieder mit seiner Galabea bekleidet, die ihm so gut stand – in europäischer Kleidung hat er mir nie so gut gefallen. Er überraschte mich damit, daß wir zum Nil hinuntergingen, wo sein Boot lag. Kurz nachdem wir eingestiegen waren, kam ein kleiner Junge gelaufen, der einen riesigen Korb trug und diesen Amer ins Boot reichte. Nun segelten wir beide ganz alleine auf dem Nil. Ich war wie im siebten

Himmel! Er steuerte eine unbewohnte kleine Insel an, wo wir an Land gingen und den Korb plünderten, der voller Speisen und Getränke war. Ich weiß heute nicht mehr, was in dem Picknickkorb gewesen ist, aber für mich waren es die reinsten Köstlichkeiten.

Nachdem wir gegessen hatten, haben wir uns sehr lange unterhalten. Jeder hat von sich und seinem Leben erzählt. Wir lachten viel an diesem Nachmittag, Einzelheiten sind mir entfallen, aber ein Punkt unserer Unterhaltung ist mir im Gedächtnis haften geblieben, der mir erst viele Jahre später wieder einfiel: Eine alte Frau hatte Amer einmal aus Kaffeesatz die Zukunft vorausgesagt und prophezeit, daß er nicht älter als dreiundreißig Jahre alt würde. Ich lachte darüber, er aber versicherte mir, daß man diesen alten Frauen glauben müsse. – Und tatsächlich ist er nicht älter als dreiundreißig Jahre geworden!

Wir spazierten Hand in Hand über die Insel. Ich habe mir trotz der Sandalen, die ich trug, im heißen Wüstensand Brandblasen an den Füßen geholt, und Amer ging barfuß!!! Einen so schönen Tag habe ich zusammen mit Amer nie wieder erlebt, es sollte der einzige bleiben.

Am nächsten Tag hieß es Abschied nehmen, und ich war traurig, daß ich Amer nicht mehr wiedersehen würde. Mit Tränen in den Augen nahmen wir voneinander Abschied und tauschten Adressen und Telefonnummern aus. Er gab mir auch ein Foto von sich, das ich von nun an liebevoll bei mir trug.

Nur einige Tage nach meiner Rückkehr aus dem Urlaub erhielt ich schon einen Brief von Amer. Der Brief war in gutem Englisch abgefaßt und in einer schönen Schrift geschrieben. Ich war voll der Bewunderung für Amer: Er lebte perfekt zwischen zwei Welten. Er beherrschte Nubisch, Arabisch und Englisch in Wort und Schrift! Tagsüber war er ein in der Landestracht gekleideter Nubier, und abends ging er in Jeans in die Diskothek! (Ich hatte mich aber in ihm getäuscht, denn viel später habe ich erfahren, daß er seine Briefe von jemand anderem hat schreiben lassen.)

Dann schrieb er mir, daß er sich in mich verliebt habe und mich unbedingt wiedersehen müsse. Er wollte mich in Deutschland besuchen. Ich tanzte glückselig mit seinem Brief durch die Wohnung – es war klar, daß er kommen würde!

Nun wurde es schwierig mit seinen Reisevorbereitungen: Er mußte nach Kairo zur Deutschen Botschaft fahren, wo er ein Visum beantragen mußte. Dies bekam er nur unter der Voraussetzung, daß jemand in Deutschland für ihn bürgte: für Wohnort, Krankheitsfall, Konflikte mit Behörden und so weiter... Er bekam kein Touristenvisum, sondern nur ein Besuchervisum. Selbstverständlich war ich dieser Bürge. Ich verschwendete keinen Gedanken an das Risiko, für einen Menschen zu bürgen, den ich fast gar nicht kannte.

Hierzu mußte ich nun über das Ausländeramt in Köln eine offizielle Einladung an die Deutsche Botschaft in Kairo schicken. Aber es kam wochenlang keine Antwort aus Kairo. Ich bin alle paar Tage beim Ausländeramt vorstellig geworden, habe mich beschwert und die Beamten beschimpft. Doch es nützte alles nichts, immer wieder bekam ich die Antwort: »Keine Nachricht.«

Gleiches passierte Amer in Ägypten. Er fuhr mehrere Male von Assuan nach Kairo, was für ihn immer eine Tagesreise bedeutete, und er bekam bei der Deutschen Botschaft immer wieder die Antwort: »Keine Nachricht« – also keine Einladung aus Köln.

Ich glaubte damals an Schlampigkeit beziehungsweise den Widerstand der Behörden, und in meinem Ärger habe ich zusammen mit Brigitte, meiner späteren Schwägerin, einen

Zeitungsartikel verfaßt, in dem wir uns über die Behördenschlamperei öffentlich beschweren

Amer und ich haben zwischenzeitlich immer wieder telefoniert und uns geschrieben, bis mir eines Tages der Kragen platzte und ich kurzerhand wieder nach Kairo flog, um mich vor Ort persönlich um sein Visum zu kümmern.

Amer holte mich in Kairo am Flughafen ab, und wir wohnten in einem alten, sauberen, kleinen Hotel in der Innenstadt. Wir haben zwei wunderschöne Wochen in Kairo verbracht. Amer zeigte mir viel von Kairo, und ich sah manches, was Touristen normalerweise nicht zu sehen bekommen.

Die Geschichte mit seinem Visum klärte sich auch.

Ich wußte von Amer nur, daß er »Amer Ragab« hieß, und das hatte ich auch beim Ausländeramt in Köln angegeben. Was ich damals noch nicht wußte, war, daß die Ägypter keinen Familiennamen haben. Jeder hat nur einen einzigen Namen, und das war in seinem Fall »Amer«. Er wurde »Amer Ragab« genannt, weil sein Vater »Ragab« hieß und man ihn so besser von anderen Amers unterscheiden konnte. In seinem Reisepaß stand allerdings auch noch zusätzlich der Name seines Großvaters, um ganz sicherzugehen, um welchen Amer es sich handelt: »Amer«, Sohn des »Ragab«, Sohn des »Mohamad«. Aber weder die Deutsche Botschaft in Kairo noch das Ausländeramt in Köln ahnten etwas von dieser Art der Namensgebung, und so passierte es, daß es in Köln einen Vorgang gab, abgelegt unter dem Buchstaben R, nämlich für Ragab als Familienname. Das gleiche passierte in der Deutschen Botschaft, dort hatte man seinen Paß gesehen mit drei Namen und den letzten selbstverständlich als Familiennamen angenommen – wie in Deutschland üblich – und dann einen Vorgang unter dem Buchstaben M angelegt, für Mohamad. Daß man so einen Schriftverkehr nicht richtig zuordnen kann, ist einleuchtend.

Ich konnte also nun die Angelegenheit bei der Deutschen Botschaft regeln, und nachdem ich meine Bürgschaft geleistet hatte, bekam Amer sein dreimonatiges Visum, und wir flogen nach Deutschland.

Amer zeigte sich von allem sehr begeistert, es war seine erste Auslandsreise! Ich erinnere mich noch sehr gut, daß er gleich am ersten Tag mindestens eine Stunde lang gebadet hat – es war das erste Vollbad seines Lebens –, und er hatte mehr Schaum in der Wanne als Wasser. Es war ein lustiger Anblick, dieser schwarzhäutige Mensch in meiner Badewanne, der im Schaum versank.

In meiner Familie wurde er liebevoll aufgenommen.

Mir blieben noch ein paar Tage Urlaub, und ich zeigte Amer viel von Köln. Wir machten Ausflüge in die Umgebung. Eine sehr lustige Begebenheit ist mir in Erinnerung geblieben: Wir standen auf dem Drachenfels im Siebengebirge und hatten von dort einen wunderschönen Blick auf das Rheintal, und Amer fragte mich: »Gibt es in diesem Nil auch Krokodile?« Ich brach in fröhliches Lachen aus, wofür er wenig Verständnis zeigte. Als ich ihm erklärte, daß es im Rhein keine Krokodile gäbe, hat er es wohl verstanden, aber trotzdem nicht begriffen, wieso mich dies so sehr zum Lachen reizte.

Warum er den Ausdruck Nil benutzte, habe ich viel später erst verstanden. In der arabischen Sprache – oder vielleicht nur in Ägypten, das ja ein Wüstenland ist – gibt es keine oder nur wenige Ausdrücke für Gewässer, und die meisten haben keinen Namen. Wir kennen in unserer Sprache: See, Meer, Teich, Au, Bach, Fluß ... Da es aber diese Dinge in der Wüste nicht gibt, hat man auch keine Worte dafür, und alles heißt einfach nur Bahr : Gewässer. Also heißt der Nil Bahr, das Rote Meer ist das Bahr ambre (rotes Gewässer) und das Mittelmeer Bahr ul'abjadul. Den Namen Nil haben wir Ausländer dem Fluß gegeben, und Amer meinte, daß das Wort Nil, in Deutsch oder Englisch übersetzt, Gewässer oder Fluß heißt.

Irgendwann war dann mein Urlaub zu Ende. Ich mußte zurück zur Arbeit. In den ersten paar Tagen hat Amer sich die Mühe gemacht einzukaufen. Wenn ich nach Hause kam, hatte er etwas zu essen gezaubert. Einmal hat er sogar Wäsche gewaschen, aber da er mit der Waschmaschine nicht zurechtkam – er hatte mich auch nicht gefragt –, hatte er alle Pullover gekocht, war enttäuscht und hat es nie wieder versucht.

Da er tagsüber nicht viel zu tun hatte, war er abends voller Tatendrang und Energie, und ich mußte jeden Abend mit ihm irgend etwas unternehmen. Zunächst hatte ich auch Lust dazu und viel Verständnis für ihn.

Sein anfänglicher Enthusiasmus für die Hausarbeit legte sich sehr bald, und später lag er dann immer im Bett, wenn ich gegen siebzehn oder achtzehn Uhr nach Hause kam. Mir oblag es nun, den Haushalt zu versorgen, einzukaufen, zu kochen sowie meinen Gast abends noch auszuführen, denn er wollte ja schließlich etwas erleben in seinem Urlaub. Mein Verständnis für ihn und meine Lust am allabendlichen Ausgehen schwanden sehr bald...

Ich hatte noch nie mit jemandem zusammengewohnt – außer früher mit meiner Familie – und war gewohnt, allein zu sein, meine Freiheit zu haben und entsprechend zu tun und zu lassen, was ich wollte. Nun mußte ich mich nach meinem Feriengast richten.

Ich sehnte den Tag herbei, an dem er wieder abfahren möge. Doch dann stellte sich plötzlich heraus, daß ich schwanger war. Ich fiel aus allen Wolken, denn mir hatte mein Frauenarzt schon vor langer Zeit gesagt, daß ich keine Kinder bekommen könne, und so habe ich natürlich auf jede

Art Schwangerschaftsverhütung verzichtet. Aber dann habe ich mich doch sehr gefreut, denn ich war ja schon dreißig Jahre alt und hatte mir eigentlich Kinder gewünscht. Amer war total begeistert und wollte sofort mit mir zum Standesamt gehen. Aber heiraten wollte ich nicht, und diesen Mann schon gar nicht, nur das Kind wollte ich haben.

Nun fingen bei uns die ersten Probleme an. Wir stritten und diskutierten tage- und nächtelang. Hinzu kam, daß sich nun auch meine Familie und die Freunde mit einmischten – samt gutgemeinter Ratschläge.

Ich hatte während der Schwangerschaft keinerlei körperliche Beschwerden, mir ging es richtig gut. Nur stellte ich fest, daß meine Psyche durcheinandergeraten war: Ich war plötzlich nicht mehr ich. Irgendwann hatte ich keine Kraft mehr, mich Amers Argumenten bezüglich einer Heirat zu widersetzen. Warnungen meiner Freunde und der Familie, mir doch alles noch einmal gründlich zu überlegen – oder besser nicht zu heiraten –, erfüllten mich mit Ärger und Frust, so daß ich zum Schluß klein beigab und aus lauter Trotz gegen die Ratschläge meiner Leute einwilligte zu heiraten.

...

Die Heiraterei klappte ziemlich schnell. Amer hatte seine Geburtsurkunde sogar bei sich. – (Wieso hat dieser Mann auf eine Urlaubsreise seine Geburtsurkunde mitgenommen? Hatte er vielleicht diesbezüglich Pläne, und ich ahnte nichts davon?) – Er brauchte lediglich von der ägyptischen Botschaft eine Bescheinigung, die besagte, daß er noch nicht verheiratet sei. Ich beantragte beim Standesamt sogar einen ganz besonders schnellen Termin, da Amers Visum bald abgelaufen wäre und er hätte ausreisen müssen. Mit einer deutschen Frau konnte er unbeschränkt lange in Deutschland bleiben.

Der Hochzeitstermin stand also schnell fest, aber da ich

nicht so richtig überzeugt war, habe ich mich um nichts weiter gekümmert. Ich hatte kein Hochzeitskleid – ich lieh mir die eleganten Ausgehsachen meiner Mutter –, hatte keinen Ring, keinen Brautstrauß, gar nichts. Hier sprang nun meine Mutter helfend ein. Sie kleidete Amer ein. Da er ohne einen Pfennig Geld aus Ägypten angereist war, hätte er sich keinen Hochzeitsanzug kaufen können, und mein Konto hatte sehr gelitten in den letzten Monaten, da ich ja für uns beide aufkommen mußte. Aus dem Ehering meines verstorbenen Großvaters und dem meiner Mutter fertigte mein Bruder Thomas, der Goldschmied, uns dann zwei Eheringe an. Für den Tag der Hochzeit bestellten meine Eltern ein kaltes Büfett von einem Partydienst.

In der Nacht vor der Hochzeit – mein zukünftiger Ehemann schnarchte an meiner Seite – lag ich weinend im Bett und wußte ganz genau, daß ich nicht heiraten wollte und sollte. Ich fühlte mich wie ein Opferlamm, das zur Schlachtbank geführt wird... Warum hatte ich nicht den Mut, jetzt noch Nein zu sagen? Warum habe ich nicht auf meine Gefühle geachtet? Warum habe ich nicht getan, was ICH wollte?

Am nächsten Morgen ging es mir schon wieder besser. Über der Aufregung vergaß ich meinen nächtlichen Kummer!

Ich fuhr mit dem eigenen Wagen, mein zukünftiger Mann saß neben mir, wir holten einen Freund ab, der Trauzeuge sein sollte, sowie auch meinen Bruder Thomas. Meine Eltern warteten bereits am Standesamt, und meine Mutter – ich war ganz gerührt – brachte einen Brautstrauß mit, den sie schnell noch hatte anfertigen lassen. Ich hatte im Traum nicht an so etwas gedacht. Der zweite Trauzeuge, ein in Deutschland ansässiger Ägypter, der auch als Dolmetscher fungierte, war bereits dort. Wir brauchten nicht lange zu warten und wurden dann binnen zwanzig Minuten getraut.

Wir fuhren anschließend zur Wohnung meiner Eltern, wo das kalte Büffet auf uns wartete. Auf dem Heimweg protestierte ich, als die Herren wieder alle in meinem Auto Platz nahmen und sich von mit chauffieren lassen wollten. »Ich, die Braut, sollte eigentlich in einer Kutsche fahren, mich von aller Welt beglückwünschen lassen! Wieso soll ich euch jetzt durch Köln kutschieren!?« Ich blieb mitten auf der Straße stehen, stieg aus, und Thomas hat dann das Steuer übernommen.

Die Feier im Hause meiner Eltern war sehr ruhig, es gab wenige Gäste – ich habe niemanden einladen wollen –, und mein Bruder Bruno kam erst am späten Nachmittag mit seiner Familie, er hatte sich nicht vorher freimachen können.

Am nächsten Tag fuhr ich mit Amer nach Bonn zur Ägyptischen Botschaft. Amer wollte, daß die deutschen Heiratspapiere bei den ägyptischen Behörden legalisiert wurden. Diese Angelegenheit war nun eine Anekdote für sich.

Die Problematik mit den verschiedenen Namengebungen war mir ja nun seit der Geschichte mit dem Visum bekannt. Ich hatte Amer eingeschärft, bevor wir zum Standesamt gingen, sich für einen Nach- beziehungsweise Familiennamen zu entscheiden und diesen auch in Zukunft als solchen zu benutzen. Ich schlug vor, daß wir als Familiennamen »Ragab« wählen sollten. Aber Amer protestierte dagegen. Er wollte nicht einsehen, daß er in Zukunft Amer »Ragab« heißen sollte, denn »Ragab« war ja schließlich sein Vater, er war »Amer«. Aber wir einigten uns dann doch auf dem Familiennamen »Ragab«. Dann fiel Amer ein, daß man uns – sollten wir einmal nach Ägypten kommen – für Geschwister halten würde, wenn wir den gleichen Familiennamen hätten. Nun gab es damals schon die Möglichkeit der Doppelnamen, und so wählte ich für mich den Namen »Mörsch-Ragab«, und Amer war einfach »Ragab«.

Wir erschienen vor dem Konsul. Er war ein dicker unförmiger Nubier, der hinter seinem Schreibtisch thronte. Er war der deutschen Sprache nicht mächtig, und ich mußte mit ihm englisch reden. Er belehrte mich ausführlich über die Pflichten einer Ehefrau und erzählte mir eine halbe Stunde lang etwas über den Islam, wovon ich nicht viel verstand, denn sein Englisch war sehr schlecht. Dann zog er einen riesigen Bogen Papier aus seinem Schreibtisch und begann zu schreiben. Worüber er mit Amer sprach und was er schrieb, weiß ich nicht, es hat sich keiner von beiden die Mühe gemacht, mir etwas zu erklären – ich brauchte das Papier auch nicht zu unterschreiben, Schreiben ist Männersache. Dann fragte er mich nach meinem Namen. Da ich den Namen »Mörsch-Ragab« am zweiten Tag meiner Ehe noch nicht verinnerlicht hatte, sagte ich einfach: »Gabi Mörsch.«
»Gut. Wie heißt denn dein Vater?«
»Mörsch.«
»Nein, das kann ja nicht sein, der kann ja nicht so heißen wie du.«
»Doch!«
»Also gut, schauen wir mal weiter. Wie heißt denn dein Großvater?«
»Mörsch.«
»Ja, ist das denn möglich? Heißen bei dir in der Familie denn alle Mörsch?«
»Ja.«
Da war der gute Mann der Verzweiflung nahe, gab es auf, sich mit mir weiter zu streiten und schrieb in meine ägyptische Heiratsurkunde: »Name der Braut: Gabriele Mörsch Mörsch.«

Nun gehört zum Ritus der islamischen Trauung die Morgengabe, die der Ehemann verpflichtet ist, der Braut nach der vollzogenen Hochzeitsnacht zu überreichen. Meist handelt

es sich um Schmuck oder Geld oder auch edle Stoffe. Es wird allerdings schriftlich festgehalten, denn die Morgengabe gehört allein der Frau, und niemand kann einen Anspruch auf sie erheben. So fragte dann der Konsul nach der Morgengabe, die er in die Urkunde eintragen wollte. Damit hatten wir beide nicht gerechnet, und Amer sagte zu mir: »Hast du Geld bei dir?«
»Ja.«
»Gib mal her.«
»Wieviel?«
»Ist egal.«
Ich gab ihm ein Fünf-Mark-Stück, das er mir dann sofort wieder zurückgab, und der Konsul trug unter der Rubrik »Morgengabe« ein: fünf Mark. So mußte ich meine Morgengabe auch noch selbst bezahlen.

Nun war ich also verheiratet, hatte einen arbeitslosen Mann zu Hause, der den ganzen Tag im Bett lag und nach wie vor mit mir abends ausgehen wollte. Ich ging tagsüber zur Arbeit, mußte abends den Haushalt versorgen, war schwanger und deshalb schneller müde als sonst, und er lag ausgiebig herum und hatte kein Verständnis, daß ich nicht jeden Abend in die Diskothek gehen wollte... Die Probleme waren vorprogrammiert.

Ich suchte für ihn eine Schule, damit er Deutsch lernen konnte. Zusätzlich lief ich mir die Füße wund, um für ihn eine Arbeit zu finden, was schwierig war, weil er ja kein Deutsch sprach.

Mein Konto hat sich nie wieder erholt. Wir stritten uns nun täglich über die albernsten Kleinigkeiten. Er war eifersüchtig auf meine Arbeitskollegen, machte mir Szenen, wenn ich fünf Minuten später nach Hause kam, sah nicht ein, daß ich hin und wieder zum Frauenarzt mußte. Und er wollte mir ernsthaft verbieten, meine Eltern zu besuchen.

»Das ist nicht mehr nötig, du hast jetzt einen Ehemann, bei dem du zu bleiben hast.«

Ich bemerkte, daß er begann, sich unwohl zu fühlen. Dies äußerte sich darin, daß er plötzlich alle möglichen Krankheiten bekam. Wenn ich vorschlug, er sollte zum Arzt gehen, protestierte er heftig. Die deutschen Ärzte könnten ihm ja doch nicht helfen ... Ich nahm an, daß er Heimweh hatte.

Endlich fand ich für ihn eine Arbeit. Die Botschaft von Oman in Bonn suchte einen Koch oder Küchengehilfen. Sie hatten sich schon für Amer entschieden, als aus Assuan ein Brief kam, in dem mitgeteilt wurde, daß er endlich als Lehrer an der dortigen Grundschule anfangen konnte. Amer wollte sofort die Koffer packen und nach Hause fahren. Er bestand darauf, daß ich als seine angetraute Ehefrau mitkam. Wieder entspannten sich endlose Diskussionen und Streitereien, denn nach Ägypten wollte ich auf keinen Fall, zumal nicht in meinem Zustand. Gegen eine gelegentliche Urlaubsreise hätte ich keine Einwände gehabt, aber dort wohnen – nie.

Aber auch diesmal konnte ich mich nicht durchsetzen. Er zog sämtliche Register, um mich zu überreden. Er versuchte, mich an meine Pflicht als Ehefrau zu erinnern, er brach in Tränen aus, um mir seine Traurigkeit zu demonstrieren, er versprach mir den Himmel auf Erden, wenn ich denn mitkäme. Alle Wünsche sollten mir in Erfüllung gehen, er würde nicht rasten und nicht ruhen, bis ich glücklich sei in Assuan ... und so weiter.

Irgendwann verließ mich die Kraft, weiter zu streiten, und da ich mich seit meiner Hochzeit in einer leicht depressiven Stimmung befand, war es mir dann auch egal, wo ich mit diesem Mann lebte: Ich war nun mal mit ihm verheiratet und fügte mich schließlich in mein Schicksal.

Diesmal hatte ich niemandem aus der Familie oder dem Freundeskreis von meinem Problem erzählt. Ich stellte sie vor vollendete Tatsachen: »Ich gehe mit Amer nach Ägypten.«

Der Schock für meine armen Eltern war groß. Wenn ich daran denke, so tun sie mir heute noch leid. Die einzige Tochter, im fünften Monat schwanger mit dem ersten Kind, wollte in die Wüste gehen. Sie begannen natürlich, auf uns einzuwirken, daß ich warten solle, bis das Kind geboren sei. Aber ich war der endlosen Debatten dermaßen überdrüssig, daß ich sämtliche Gespräche im Keim erstickte und nicht mehr darüber sprechen wollte.

Ich gab eine Annonce in der Zeitung auf, um meine Möbel und mein Auto zu verkaufen – mir blutete das Herz, als die Käufer wie die Aasgeier über meine Wohnung herfielen und sie plünderten.

Am letzten Wochenende vor unserer Abfahrt machten wir gemeinsam mit meinen Eltern noch einen Ausflug in die verschneite Eifel, und bei Kaffee und Kuchen rangen sie meinem Ehemann nochmals das Versprechen ab, sich gut um mich zu kümmern. Er versprach hoch und heilig, es mir so »europäisch« wie möglich zu machen, damit ich mich wie zu Hause fühlte. Er wollte fleißig arbeiten und viel Geld verdienen, damit wir eines Tages nach Kairo ziehen könnten. Außerdem sagte er ihnen, daß ihm vorschwebe, zur Universität zu gehen, um beruflich bessere Chancen zu haben.

Meine Eltern waren beeindruckt von solch einem fürsorglichen Ehemann und versprachen spontan, uns monatlich einen Scheck über fünfhundert Mark zukommen zu lassen, damit er in Ruhe studieren könne, und damit es mir in der Zwischenzeit an nichts mangele.

Im Februar war es dann soweit. Ich glaube, meine Eltern brachten uns zum Flughafen, aber ich weiß es nicht mehr. Die Fahrt dorthin und die Trennung von meinem bisherigen Leben müssen so schlimm für mich gewesen sein, daß ich sie aus meinem Gedächtnis gestrichen habe. Ich kann mich einfach nicht mehr daran erinnern. Ich weiß nur noch, daß ich im Flugzeug am Fenster saß und während der vier Stunden Flugzeit von Frankfurt bis Kairo geheult habe.

Wir kamen am Abend in Kairo an und hatten unseren Anschlußflug nach Assuan gerade verpaßt, und wir saßen nun die ganze Nacht am Flughafen, bis wir am nächsten Morgen weiterfliegen konnten. Ein Jahr zuvor, während meiner Ägyptenreise, hatte ich das orientalische Leben faszinierend gefunden, aber jetzt stieß es mich ab. Der unbeschreibliche Dreck in der Wartehalle, die Leute in ihren schmutzigen Galabeas und Turbanen saßen oder lagen am Boden und schliefen zum Teil in diesem Dreck. Andere hockten in einer Ecke und nahmen ihr kärgliches Mahl, übersät von Fliegen, ein. In einer Ecke hatte jemand im Gepäck irgendwelches Geflügel, das pausenlos gackerte. Ich war tieftraurig und todmüde, und doch konnte ich mich glücklich schätzen, daß mein Mann mir einen Stuhl besorgt hatte und ich nicht auch noch auf dem Boden sitzen mußte.

In den frühen Morgenstunden landeten wir in Assuan. Der Flughafen liegt außerhalb der Stadt und besteht aus einer Baracke mit einer einzigen Piste, die kaum zu erkennen war, weil der Sand alles zudeckte. Amer ließ mich in einem Taxi Platz nehmen und dort über eine halbe Stunde warten, denn er hatte jede Menge Freunde zu begrüßen.

Wir fuhren nach Gabal Tagok, so heißt der Teil von Assuan, in dem wir wohnen sollten. Er hat schon dörflichen Charakter und wird fast ausschließlich von Nubiern bewohnt.

Die Fahrt dauerte eine weitere halbe Stunde, und wir waren endlich »zu Hause«.

Hier fiel nun alle Müdigkeit und Traurigkeit von mir ab, denn der Empfang war überwältigend. Ich hatte nicht mit soviel Herzlichkeit gerechnet. Die Bewohner der umliegenden Häuser und alle, die zur Familie gehörten, warteten auf der Straße auf uns. Die Frauen stimmten in ein Freudengeschrei ein. Dies ist eine arabische oder vielleicht eine afrikanische Sitte: Die Zunge wird in nicht nachzuahmender Schnelligkeit zwischen den halbgeschlossenen Lippen bewegt. Dabei wird laut geschrien. Bei dieser Menschenmenge klang das so, als ob Sirenen heulten. Wir wurden aus dem Auto gezerrt, geküßt und geherzt, so daß mir die Luft wegblieb. Wir wurden in das Haus geschoben, das ich ja noch von meiner Urlaubsnacht mit Amer kannte. Das ganze Dorf quetschte sich hinterher, so daß das Haus schwarz von Menschen war. Man reichte uns Tee, und ich kam mir vor wie ein Marsmensch. Hunderte von Händen grabschten nach mir, Kinder saßen und standen mit vor Staunen offenem Mund vor mir, man faßte nach meinen Haaren, die für diese Menschen unbegreiflich weich und hell waren, immer wieder wurde ich von irgendwelchen Frauen geküßt. Mein Mann war verschwunden, und ich blieb mit den Frauen alleine. Man brachte mir eine Galabea, wofür ich dankbar war, denn ich war nun seit zwei Tagen in denselben Kleidern und trug eine Schwangerschaftshose, die eng und unbequem war. Welch eine Erleichterung, sich in diesem weiten Gewand zu bewegen.

Ich wurde dann meiner Schwiegermutter Fatma, die man auch Um Amer nannte, vorgestellt. Diese schleppte mich im Laufe des Tages von einem Haus zum anderen, überall gab es etwas zu essen und Tee zu trinken. Am Abend befanden wir uns im Hause von Um Ali, wieder im Kreis von mehreren Frauen und jeder Menge Kinder. Wir saßen in ihrer guten Stube, die nur bei feierlichen Anlässen betreten werden durfte: An den Wänden hingen Tücher und bunte Lappen, auf dem Boden lagen Kissen verstreut, und irgendwo in der Ecke stand ein kleiner Tisch, der aber nicht höher als zwanzig Zentimeter war. Nun saß ich hier auf dem Boden. Ich bin zwar immer ziemlich gelenkig gewesen, aber diese Sitte war dann doch etwas gewöhnungsbedürftig. Ich hielt ein Glas Tee in der Hand und bemerkte, daß die Frauen über mich sprachen. Um Ali fragte mich irgend etwas, aber mehr als höflich lächeln konnte ich nicht. Dann versuchte sie es noch einmal, und eines der Kinder sprang helfend ein mit »Mother« und »Mama«. Es machte eine Geste, als ob es weinen wollte. Ich glaubte verstanden zu haben, daß sie wissen wollte, ob meine Mutter traurig gewesen sei, als ich so weit von ihr fort fuhr. In dem Moment überfiel mich wieder die ganze Traurigkeit und mir wurde bewußt, daß ich nun unwiderruflich von zu Hause weg war, und ich bekam einen richtigen Weinkrampf, der nicht enden wollte. Die Frauen nahmen mich in den Arm und versuchten, mich zu trösten, und schickten dann ein Kind weg, um Amer zu suchen. Der kam dann auch recht bald und führte mich in unser neues »Heim«, wo wir endlich allein waren, und wir begaben uns zu Bett. Er war glückselig, wieder daheim zu sein, und ich war glückselig, endlich ins Bett zu kommen, hatte aber trotz meiner Müdigkeit gesehen, daß die Bettlaken und -decken vor Dreck starrten, und im Einschlafen nahm ich mir als erste Amtshandlung in meinem neuen Haus vor, morgen alles gründlich zu waschen und zu putzen.

Mein Leben in Ägypten

Haus, Haushalt und das tägliche Leben

Unser Haus am Stadtrand von Assuan war nur drei Häuser vom Ufer des Nils entfernt. Das rechteckige Gebäude bestand aus zwei riesengroßen Räumen, die voneinander durch ein kleineres Entrée getrennt waren. Rückwärtig war ein ummauerter Innenhof angeschlossen. Die fünfzig Zentimeter dicken Wände hielten die Hitze kaum ab, denn da das Haus nur aus einem Stockwerk bestand, saugte das Dach die Hitze nur so auf. Es war außen gelb, der Sockel grau. Die Innenwände waren an der unteren Hälfte in einer königsblauen Lackfarbe gestrichen, die mich an ein Badezimmer erinnerte. Im Hausinnern war es immer dunkel, da die Fensterläden wegen der großen Hitze nie geöffnet wurden. Auch nachts blieben sie geschlossen, weil sonst Tiere hereingekommen wären (Katzen, Fledermäuse und so weiter). Fliegengitter kannte man nicht.

Möbliert waren die Räume bei meiner Ankunft folgendermaßen: Im Entrée standen Louis-XIV.-Möbel aus Plastik. In jedem Raum standen zwei Betten, jeweils ein uralter, vom Holzbock zerfressener, schiefer Holzschrank, der keine Farbe mehr erkennen ließ. Zusätzlich gab es einen Blechschrank, der einst rosafarben war, aber dies nur noch ahnen ließ. Seine Türen ließen sich nicht mehr schließen, ein Fuß fehlte, und außerdem hatte er Rost angesetzt. Es gab auch einen Vitrinenschrank. Ein Raum verfügte über einen Tisch mit mehreren Stühlen. Beide Räume waren vollgestopft mit einer Riesenmenge von Haushaltsgeräten, die kein Mensch brauchte: Blech- und Aluminiumkochtöpfe stapelten sich in allen Größenordnungen bis unter die Decke, Teller aus Blech und Aluminium meterweise, in der Vitrine gab es eine Sammlung von Porzellantassen, die niemand benutzte, denn getrunken wurde nur aus Gläsern. Fließendes Wasser gab es in meinem neuen Haus nicht. Aber dies war durchaus üblich, kein Haushalt in meiner Nachbarschaft hatte einen Wasserhahn. Im Entrée stand der Sihr: Der Sihr ist eine tönerne Amphore, die in einer Eisenhalterung steht. Darunter befindet sich ein Gefäß zum Auffangen des Wassers, das durch den porösen Ton schwitzt und tropft. Das Wasser blieb in diesen Amphoren erstaunlich kühl. Geschlossen wurde der Sihr mit einem Holzbrett, auf dem ein Trinkbecher stand. Das Wasser wurde aus dem Nil herbeigeschafft.

Das Wasserholen war Frauensache. Sie gehen mehrere Male am Tag mit riesigen Eimern auf dem Kopf zum Nil, um Wasser zu holen. Sobald die kleinen Mädchen laufen können, gehen sie auch mit. Sie haben dann schon kleine Eimerchen auf dem Kopf. Ich war von dieser Pflicht befreit auf Grund meiner Sonderstellung. Ich hätte das aber auch nicht bewältigt, die Wassereimer waren so schwer, daß ich sie nie hätte heben können. Daß mein Sihr immer voll Wasser war, dafür sorgte Amer – und vor allen Dingen meine Schwiegermutter. Sie beauftragte die ganze Nachbarschaft damit, mir Wasser zu bringen. Es passierte einmal, daß mein Sihr leer war. Amer wollte sich die Hände waschen, und es gab niemanden in der Nähe, den man hätte zum Nil schicken können. Also ging er selbst. Ich habe bei seiner Rückkehr beobachtet, wie die kleinen Mädchen aus der Nachbarschaft hinter ihm her lachten. Er hatte sich als Mann lächerlich gemacht! Ein Mann holt kein Wasser.

Es versteht sich, daß es auch kein Badezimmer und keine Toilette gab. Sein »Geschäft« verrichtete man üblicherweise auf der Straße – oder besser hinter dem Haus. Mir hatte Um Ali, die Nachbarin, die einige Häuser weiter wohnte, angeboten, ihre Toilette zu benutzen, was ich zuerst dankbar annahm, aber nachher gern darauf verzichtete, denn ihre »Toilette« war nur ein fensterloses Verlies mit einer verschließbaren Tür. Dieser Raum hatte ein Loch im Boden, in das man hineinzielen mußte. Ein Gefäß mit Wasser stand daneben, damit man sich säubern konnte. Es stank bestialisch in diesem Verschlag, Licht gab es keines, und es wimmelte von Kakerlaken und Ameisen. Aber da ich in den ersten Wochen bereits an der Ruhr erkrankte, schaffte ich die paar Meter zur »Luxustoilette« meistens sowieso nicht, und ich war froh, wenn ich überhaupt noch bis hinters Haus gelangte.

Man sollte meinen, daß man nur so im Kot herumwatet, wenn alle Leute auf der Straße ihr »Geschäft« verrichten. Dem war aber nicht so, denn durch die enorme Hitze und das fast vollständige Fehlen von Luftfeuchtigkeit war jeder »Haufen« nach kürzester Zeit zu Stein erstarrt und nach wenigen Stunden zu Staub zerfallen und vom Wind davongetragen.

Und so wurde gebadet: Es gab in jedem Haushalt runde Aluminium- oder Blechbehälter, die einen Durchmesser von ungefähr einem Meter zwanzig haben. Der Rand mag zehn oder zwanzig Zentimeter hoch sein. In dieses Gefäß stellte man einen Stuhl aus Plastik oder Holz mit entsprechend kurzen Beinen, um sich bequem beim Waschen hinzusetzen.

Einen Eimer mit frischem Wasser stellte man daneben. Seife gab es auch: riesige, quadratische, braungraue Klumpen, die auch zum Geschirrspülen und zum Wäschewaschen benutzt wurden. Wer ganz reinlich war und sich abrubbeln wollte, dem dienten als »Bürste« zu Bällen zusammengerollte Palmenfasern, die aber nicht lange die Form behielten. Nun nahm man mit einem Gefäß Wasser aus dem Eimer und schüttete sich dieses nach gründlichem Einseifen über den Körper. Ich habe bei meiner Schwiegermutter gleich am zweiten Tag gelernt, auf diese Art zu baden. Ich fand das weiter nicht schlimm, eher amüsant.

Da mein Haushalt noch unvollständig war, die Koffer noch nicht ausgepackt und ich alles erst organisieren mußte, badeten wir vorläufig bei ihr. Sie bewohnte ein Lehmhaus, das erstaunlich viel kühler war als unseres. Es bestand nur aus zwei kleinen, fensterlosen Räumen. Allerdings war das Haus von einer hohen Lehmmauer umgeben, so daß noch ein Innenhof entstand, in dem sich das Leben abspielte. Der eine Raum, den sie besaß, hatte nur ein Bett und einen Schrank, und in dem anderen wohnten ihre Ziegen, Schafe, Tauben und Hühner. Dieser Ziegenstall diente nun als Badezimmer. Unangenehm war nur, daß, während ich eingeseift in meiner »Badewanne« saß, die Tauben um mich herumflogen und einen kalten Luftzug verursachten. Diese Art zu baden oder sich zu waschen heißt auf arabisch »hamam«. In Spanien taucht dieses Wort auch heute noch auf, z. B. in »Alhama de Granada« (das Bad von Granada).

Ich weiß nicht, wie oft die Menschen in meiner Umgebung gebadet haben. Sie waren nicht unsauber, sie haben auch nicht gestunken, aber meist umgab sie doch ein seltsamer Geruch, denn sie haben ihre Kleider nicht so häufig gewechselt. Da die Kleider aus sehr viel Stoff bestehen, dienen sie auch als Taschentuch und Serviette. Man behält nachts dieselben Kleider an wie am Tag. Es gibt keine Nachthemden oder Schlafanzüge. Vorschrift allerdings war, und daran hielten sich viele, daß donnerstags gebadet wurde, denn der Freitag, der Feiertag, ist heilig, und da muß man sauber sein. Das ist übrigens auch ein Grund, warum Hochzeiten immer donnerstags stattfinden: Dann ist die Hochzeitsnacht noch in der Donnerstagnacht, und da man sich nach dem Geschlechtsverkehr sofort reinigen muß, ist gesichert, daß die Leute am heiligen Freitag frisch gebadet sind.

Lange Zeit brauchte ich keine Wäsche zu waschen. Mein Mann brachte unsere schmutzige Wäsche zu meiner Schwiegermutter oder ließ sie von jemandem hinbringen, und dort wurde sie gewaschen. Selbstverständlich hat meine Schwiegermutter nicht selbst gewaschen, irgendein Mädchen aus der Nachbarschaft mußte dies tun. Es wusch die Wäsche im Nil unter »fließendem« Wasser. Manchmal dauerte es aber ein paar Tage, bis ich meine Wäsche zurückbekam, und so lange lag sie irgendwo bei meiner Schwiegermutter herum. Es kam nicht selten vor, daß die Wäsche, wenn man sie mir brachte, wieder schmutzig war, weil entweder eine dicke Staubschicht drauf lag oder weil die Tauben sie wieder beschmutzt hatten.

Ich wurde wirklich sehr verwöhnt. Sogar das Essen wurde mir gebracht, oder ich ging einfach bei Nachbarn essen, denn wie hätte ich kochen sollen? Ich mußte doch erst alles lernen. Einen Ofen gab es nicht, nur einen »Babur«, und mit dem konnte ich noch nicht umgehen.

Gleich in den ersten Tagen nach meiner Ankunft lernte ich meine Schwägerin Hagiga kennen. Hagiga war eine Tochter aus der zweiten Ehe meiner Schwiegermutter. (Meine Schwiegermutter wurde auch Um Amer genannt, weil die Frauen oft nach ihren erstgeborenen Söhnen benannt werden: Mutter von Amer.) Hagiga (oder Um Salah) lebte auf der Insel Sehel[1] und kam nur selten nach Assuan. Sie war ungefähr vierzig Jahre alt, im fünften Monat schwanger, genau wie ich, nur daß es für sie das neunte Kind war. Zwei Kinder waren allerdings gestorben, und sie wollte jetzt nach diesem Kind die Pille nehmen, es war nun genug. Ich habe sie sofort gern gemocht, sie war herzlich und warm, sehr resolut, und sie ordnete an, daß ich mal erst mit nach Sehel kam, um ein paar Tage »Urlaub« zu machen nach der anstrengenden Reise – und zum Eingewöhnen.

Sie half mir, eine Tasche mit ein paar Sachen zu packen – meine europäische Kleidung sollte ich dalassen, die brauchte ich auf Sehel nicht –, und wir fuhren mit dem Taxi in südlicher Richtung etwas außerhalb von Assuan zu einer Bootsanlegestelle, die der Insel Sehel gegenüber lag. Es gab keinen Fährbetrieb im üblichen Sinne, sondern am Ufer lagen nur Ruderboote, in denen zwei bis drei Personen Platz hatten, und man mußte selbst rudern. Hagiga lud ihre Einkaufskörbe und mich in ein solches Boot, packte mit ihren riesengroßen kräftigen Händen die Paddel und ruderte uns quer über den Nil zu ihrer Insel.

Dort mußten wir dann die Uferböschung emporklettern, was für Hagiga trotz ihres Riesenkaufkorbs auf dem Kopf keine Schwierigkeit war. Ich bin kaum hinaufgekommen, weil diese Uferböschung sehr steil war und nur aus Sand bestand, ich rutschte immer wieder herunter. Dann ging es fast einen Kilometer lang nur über Sand und Steine, bis ich in der Ferne ein paar Häuser sah.

Dies war nun ein rein nubisches Dorf, hier wohnten keine Araber. Auf eine gewisse Art wirkte dieses Dorf auf mich sauberer als Gabal Tagok. Es gab keine Autos, keine Straßen, nur die paar Häuser mitten im Sand.

[1] Die Insel Sehel liegt südlich von Assuan in Sichtweite des großen Staudamms.

Hagigas Haus bestand aus mehreren kleinen fensterlosen Räumen, aber auch hier war das »Anwesen« von einer Mauer umgeben, so daß ein großzügiger länglicher Innenhof entstand. Fußböden in unserem Sinne gab es keine, der Boden bestand aus Sand, der jeden Morgen geharkt wurde und der auf den ersten Blick wie ein sandfarbener Teppich aussah. Hagiga besaß einen größeren Raum, in dem auch Bänke und ein Tisch standen, aber diesen Raum betrat die Familie nicht, sondern er war für Gäste und vornehmlich für Touristen reserviert. In ihrer spärlichen Freizeit fertigten die Frauen bunte Fese, Ketten, Armbänder und so weiter, die sie verkauften, wenn sich einmal Touristen auf die Insel verirrten. Die Besucher wurden in diesen Raum geführt. Sie bekamen Coca-Cola oder Tee angeboten und »durften« dann etwas kaufen. Ähnliches hatte ich bereits erlebt an dem Tag, als ich mit meiner Reisegruppe die Nilfahrt unternahm, aber ich weiß nicht mehr, in welchem Haus wir damals waren, denn ich hatte ja an jenem Nachmittag nur Augen für Amer.

Hagiga hatte außer dieser Guten Stube noch eine Küche und zwei Zimmer, in denen nur Betten standen. Es gab außerdem drei Fernseher, von denen nur einer funktionierte, sowie ein paar Schränke. In der Küche standen ein paar schiefe Blechkästen, in denen Geschirr und die Vorräte aufbewahrt wurden, und natürlich der Babur.

Der Babur ist ein rundes Gefäß, das ungefähr die Größe eines großen Kochtopfes hat. In den Topf gibt man Petroleum. Mehrere Dochte aus Stoff oder Kordel, die aus diversen Löchern aus dem Babur herausragen, werden dann angezündet. Dieser Babur hatte einen kleinen Blechring an der Seite, mit dem man die Flammen etwas regulieren konnte. Das verbrennende Petroleum stank so sehr, daß es mir lange Zeit Übelkeit verursachte (nach der Schwangerschaft legte sich das). Dann wurde über den Babur ein dreibeiniges Eisengestell gestellt, das oben ringförmig zusammengeschmiedet war, so daß man einen Kochtopf draufstellen konnte. Die Köchin setzte oder hockte sich zum Kochen auf den Boden vor ihren Babur. Wenn man kochte, mußte man vorher genau überlegen, was man zum Kochen benötigte, denn für jedes vergessene Utensil sich vom Boden zu erheben, war schon anstrengend. Aber dieses Problem haben die ägyptischen Frauen nicht, weil sie nie allein sind, irgendwer – meistens ein Kind – ist in der Nähe, und wird hin und her geschickt, um alles Fehlende zu bringen.

Hagiga hatte sechs Kinder. Die älteste Tochter Heloah war bereits vierundzwanzig Jahre alt. Sie hatte einmal einen Heiratskandidaten abgelehnt. Die Eltern haben es ein paar Jahre später aber doch noch geschafft, sie zu verheiraten. Heloah war ein stilles, ernstes Mädchen, das gerne länger als die üblichen zwei bis drei Jahre zur Schule gegangen wäre. Aber das war nicht möglich, weil ihre Mutter so viele Kinder bekommen hatte und weil sie im Haushalt gebraucht wurde. Heloah war der einzige Mensch, den ich dort kennengelernt habe, der Bücher las. In keinem anderen Haus habe ich ein Buch auch nur gesehen.

Mit Hilfe von Heloah und ihren jüngeren Brüdern, die alle zur Schule gehen durften, lernte ich meine ersten Brocken Arabisch. Wir saßen im Innenhof auf dem Boden, schauten uns Zeitungen und Schulbücher an. Sie benannten die Dinge beim Namen, und ich mußte wiederholen.

Die arabische Sprache

Man kann die arabische Sprache nicht in einem kurzen Intensivkursus lernen, wie dies für uns mit Englisch oder Französisch möglich ist. Wenn man Arabisch lernt, muß man zwei Sprachen lernen, nämlich die Schriftsprache und die gesprochene Sprache, die sich sehr voneinander unterscheiden. Es gibt kaum einen Vergleich zur deutschen Sprache.

Im Altdeutschen oder Mittelhochdeutschen oder sogar in der Sprache unserer Großväter gab es Worte, die wir heute nicht mehr benutzen, aber trotzdem noch durch die überlieferte Literatur verstehen. Wenn man liest: »Holde Maid, ich bin dir gram«, würden wir dies heute so ausdrücken: »Liebes Mädchen, ich bin sauer auf dich.« Wir verstehen das alte Deutsch, benutzen es aber nicht mehr. »Ich bin sauer« ist zwar kein Schriftdeutsch, aber man kann es unter Umständen zu Papier bringen.

Ganz anders verhält es sich mit der arabischen Sprache. Die Umgangssprache wird nie geschrieben (es gibt gar keine schreibbaren Wörter hierfür), während die geschriebene Sprache üblicherweise nicht gesprochen wird. Wenn sie dann doch einmal gesprochen wird, kann sie nur von den Schriftkundigen verstanden werden. Der Grund hierfür liegt im Koran: Mohamed hat Gottes Wort aufgeschrieben, und Gottes Wort ist heilig. Es ist so heilig, daß niemand es wagen würde, irgendeine Veränderung an den von Gott gegebenen Worten vorzunehmen. Das käme einer Gotteslästerung gleich. Folglich sind sogar die Tageszeitungen in der arabischen Sprache des siebten Jahrhunderts geschrieben.

Die zweite Schwierigkeit beim Erlernen dieser Sprache besteht darin, daß sie sehr wenige Parallelen zu unseren europäischen Sprachen aufweist in bezug auf die Grammatik: Es gibt bis zu drei Pluralformen. Possessivpronomen und vieles mehr kennt man nicht. Die nächste Schwierigkeit, diese Sprache in Wort und Schrift zu erlernen, besteht darin, daß man keine Vokale schreibt. Das heißt, ein Wort, das ich nicht kenne, kann ich auch nicht lesen, vielleicht nur den Sinn aus dem Zusammenhang erkennen. Fulus (das Geld) sieht geschrieben »fls« aus. Amers Name sah geschrieben so aus: »mr«. So passierte es, daß er bei Behörden auch oft »Omar« genannt wurde. All diese Dinge brauchen sehr viel Zeit, bis man sie gelernt hat. Daraus resultiert wohl auch die hohe Anzahl der Analphabeten in den arabischen Ländern. Viele Kinder werden zur Schule geschickt, aber nach einigen Jahren Lese- und Schreibunterricht schätzen sich viele überaus glücklich, wenn sie dann ihren eigenen Namen schreiben und die Straßennamen entziffern können. Es gibt sogar auf der Universität und in den Abiturklassen noch ein Fach, das »Diktat« heißt.

Eine Folge aus dieser Sprachentwicklung ist, daß sich die Menschen aus den arabisch sprechenden Ländern nicht ohne weiteres unterhalten können. Denn in jedem Land hat sich die arabische »Sprech«-Sprache in eine andere Richtung entwickelt. Amer konnte sich in Deutschland nicht ohne weiteres mit seinen algerischen oder marokkanischen Kollegen unterhalten. Aber sie haben eine Lösung gefunden: Sie unterhielten sich in Schriftarabisch, das heißt, mit jedem, der den Koran kannte oder lesen und schreiben konnte, hat sich Amer unterhalten können. Ich besitze ein arabisches Lexikon, das für mich fast ohne Wert ist. Wenn ich die Wörter suche, die ich kenne, finde ich andere Ausdrücke, nämlich die, die nur geschrieben werden. Und diese kenne ich nicht, da ich nur die Wörter der Umgangssprache lernte. Hilfreich ist das Wörterbuch nur für Wörter, die es zur Zeit Mohameds, also zur Zeit der Niederschrift des Korans, noch nicht gab: Auto, Flugzeug, Kaugummi, Parlament, Elektrizität und so weiter.

Haushalt, tägliches Leben, fremde Sitten

Während meiner Besuche bei Hagiga stellte man mir ein Bett
– ganz für mich alleine – zur Verfügung. Ich bin nie so recht
dahintergekommen, wo die anderen schliefen. Es gab im
ganzen Haushalt nur vier Betten. In einem schlief ich. Heloah
und ihre jüngere Schwester schliefen vor meinem Bett auf
dem Boden. Im Nebenraum schlief der Vater in einem Bett,
und die Söhne der Familie kamen morgens auch aus diesem
zweiten Raum. Hagiga muß wohl mit dem jüngsten Kind in
der Küche geschlafen haben, denn ich habe sie nie in einem
dieser Schlafzimmer gesehen.

Von Hagigas Ehemann dachte ich anfangs, er sei ein komischer Kauz. Er ging morgens zur Arbeit – er war Kellner in einem Restaurant in Assuan –, kam am Abend zurück, zog seine Galabea an, ging etwas spazieren und verschwand dann in seinem Schlafzimmer, vielleicht um zu beten und fernzusehen. Wenn er nach Hause kam, wurde ihm sofort von Frau oder Kindern ein Tablett mit seinem Essen in sein Zimmer gebracht. Nie sah ich ihn mit der Familie zusammen essen, nie hörte ich, daß er mit jemandem sprach, nie sah ich, daß er irgend etwas im Hause tat.

Als ich zum ersten Mal zu Besuch war, begrüßte er mich nur sehr kurz. Später tat er dies nie wieder. Er hat mich nie wieder angeschaut oder gar ein Wort mit mir gesprochen, so daß für mich recht bald feststand: »ein seltsamer Mensch«. Damals wußte ich noch nicht, daß er sich vollkommen korrekt verhielt. Die Männer leben in ihren Häusern wie Gäste. Da viele Männer mehrere Ehefrauen haben, die aber in den wenigsten Fällen zusammen in einem Haus wohnen, sind die Männer selten zu Hause. Wenn sie dann einmal daheim sind, kommen sie nur zum Essen und zum Schlafen. Mit der Frau und den Kindern haben sie, nach unserer europäischen Vorstellung, nicht viel zu tun. Und das Benehmen von Hagigas Ehemann mir gegenüber war vollkommen korrekt: Man schaut nicht die Frau eines anderen an, und schon gar nicht spricht man mit ihr.

Ich bin in der ersten Zeit immer beleidigt gewesen, wenn ich einen Mann, den ich kannte, auf der Straße begrüßte, und dieser erwiderte meinen Gruß nicht. Einen Fauxpas beging ich gleich zu Anfang, als ich einen Bekannten Amers mit Handschlag begrüßen wollte. Dieser Mann ist vor mir zurückgewichen, als ob ich eine ansteckende Krankheit hätte. Ich habe mich bei Amer über seinen unfreundlichen Bekannten beschweren wollen, aber er hat mich erst einmal über die Landessitten aufgeklärt: Ein Mann »sieht« die Frau eines anderen gar nicht, und nie würde er sie berühren. Ein Mann darf auch kein Haus betreten, wenn die Frau alleine zu Hause ist. Oder umgekehrt. Eine Frau darf keinen Mann ins Haus lassen, wenn sie alleine ist. Ich habe immer nett und freundlich alle Besucher hereingebeten und mich gewundert, wieso sich ausgerechnet dann immer irgendwelche Nachbarinnen einfanden oder ihre Kinder zu mir schickten. Sie haben einfach mein oder unser Ansehen schützen wollen, ohne mir lange Erklärungen abzugeben. Da die Haustür immer offenstand, war dies nicht schwer. Ich glaube, wenn ich einen männlichen Besucher gehabt hätte und die Haustür hinter uns geschlossen hätte, dann hätte ich Schwierigkeiten bekommen.

Aber all diese Dinge brauchten ihre Zeit, bis ich sie durchschaut hatte, und so habe ich natürlich auch Hagigas Ehemann Unrecht getan, als ich ihn als »komischen Kauz« bezeichnete.

Hagiga und Heloah haben den ganzen Tag unentwegt gearbeitet. Die Zeiten, in denen man zusammen im Sand saß und Tee trank, waren kurz bemessen. Beide standen bereits im Morgengrauen auf und machten für den Vater und die Schulkinder Frühstückstee. Zurück blieben dann nur die neunjährige Tochter, die wohl nicht zur Schule ging, und die zweijährige Tochter, die noch nicht ganz sauber war. Dieses Kind hat überall, wo es gerade war, sein Geschäft verrichtet, was nicht weiter problematisch war, da keine kostbaren Teppiche auslagen, sondern nur der Sand gesäubert werden mußte. Kinder tragen keine Windeln, ja noch nicht mal Unterhosen, sie haben nur ein langes Hemd. Das hat aber den Vorteil, daß sie schneller sauber sind, denn unsere Pampers-Kinder merken ja gar nicht, wenn sie die Hosen voll haben.

Es wurden dann die Betten gemacht, der Sand wurde geharkt. Heloah ging zweimal täglich zum Nil, um Wasser zu holen. Es war von Hagigas Haus fast ein Kilometer zu laufen. Wenn Wäsche gewaschen wurde, mußte sie noch einen Extragang zum Nil hinunter machen. Obwohl dies Schwerstarbeit war, habe ich nie erlebt, daß Heloah mißgelaunt war oder daß es ihr zuviel wurde. Sie ging immer mit den Nachbarinnen zusammen Wasser holen oder Wäsche waschen, es wurde unendlich viel geredet und gelacht, und es gab viel Spaß dabei. Ich habe sie gern begleitet.

Hagiga hat sich in der Zwischenzeit um das Essen gekümmert. Am späten Vormittag gab es ein Frühstück: Brot, Ziegenkäse und Zwiebeln, manchmal Rührei. Das Essen wird auf kleine Teller verteilt, diese werden auf ein großes Tablett gestellt. Man setzt sich auf den Boden um das Tablett herum, und jeder nimmt sich, was er möchte. Ich mußte mühsam lernen, wie man anständig ißt, denn auch in diesem Land gibt es Anstandsregeln beim Essen. Man ißt grundsätzlich nur mit der rechten Hand und vermeidet, mit der linken Hand in die Schüsseln zu greifen. Die linke Hand gilt als unrein, man reinigt mit ihr den Körper. Auch greift man nicht einfach mit den Fingern in das Essen, sondern man nimmt ein Stück Brot, welches aus dünnen, weichen, biegsamen Fladen besteht und nimmt sich damit, wie mit einer Serviette, seinen Anteil aus dem Gemeinschaftsteller. Sich beim Essen zu bekleckern wird nur den Kindern und den »dummen Ausländern« nachgesehen. Ein Teller wird nie ganz geleert, ein Glas nie ganz ausgetrunken, weil der Gastgeber dann verpflichtet ist nachzuschenken. Den Gastgeber auf diese Weise zum Nachschenken aufzufordern, gilt als äußerst unhöflich.

Ich habe mich über diese Sitte oft geärgert, denn man stelle sich folgende Situation vor: Es schauen fünf oder acht Nachbarinnen auf einen kurzen Besuch herein. Alkohol gibt es nicht, Tee wird selten angeboten, und so hatte man immer Fruchtsäfte oder in besonderen Fällen Coca-Cola bereit, um sie den Gästen anzubieten. Nun waren diese Getränke ja nicht ganz billig, und wenn die Gäste dann gegangen waren, hatte man acht halbvolle Gläser herumstehen und hätte die Reste wegschütten müssen. Ich habe die Reste dann immer wieder in die Flasche zurückgekippt, was nicht selten eine volle Fruchtsaftflasche ergab. (Ich glaube, wenn das jemals jemand herausgefunden hätte, hätte ich Probleme bekommen.)

Nach dem Frühstück wurde gespült: Man stellt das benutzte Geschirr, das ja im Handumdrehen mit Fliegen übersät ist, in eine große Schüssel, ähnlich der der »Badewanne«, auf den Boden und setzt oder hockt sich davor. Mit einem Knäuel aus Palmblätterfasern und mit einigen Tropfen Wasser und der bereits erwähnten graubraunen Seife wird das Geschirr gründlich geschrubbt und dann ganz sparsam abgespült. Das klare Wasser steht in einem Gefäß daneben. Die Hand wird als Schöpflöffel benutzt, damit man sparsamer dosieren kann.

Danach machte sich Hagiga meist ans Bereiten des Mittagessens. Hagiga war eine wohlhabende Frau, die einen Kühlschrank besaß. Sie fuhr einmal in der Woche nach Assuan zum Markt. Auf der Insel Sehel gab es nur einen kleinen Laden, wo man lediglich Kleinigkeiten kaufen konnte. Deshalb hatte sie die wichtigsten Lebensmittel zu Hause auf Vorrat: säckeweise Reis, Hülsenfrüchte, Tee und so weiter. Reis und Bohnen mußten vor dem Kochen verlesen werden, weil sie mit Steinen und Schmutzteilchen vermischt waren. Endlich konnte ich mich nützlich machen. Hagiga zeigte mir, worauf es ankam, und ich konnte ihr diese Arbeit abnehmen. Diese Arbeiten waren immer sehr gemeinschaftsfördernd. Ich habe es mit dieser Arbeit in Gabal Tagok bald genauso gemacht wie meine Nachbarinnen. Die Menge, die ich kochen wollte, kam auf ein Tablett, und ich setzte mich mit diesem Tablett vor meine Haustür, und schon kam die eine oder andere Nachbarin herbei, um zu helfen. Man sieht immer mehrere Köpfe über diese Tabletts gebeugt, denn so kann man dann ausgiebig über die Nachbarn klatschen und über die Männer lachen – und trotzdem hat es den Anschein, man arbeite fleißig!!!

Die Hauptmahlzeit bestand meist aus Brot, Reis, Salat, Bohnen oder Linsen. Fleisch gab es selten, weil man es sich nicht leisten konnte. Amer und ich mitsamt seiner Familie, wir konnten es uns auf Grund der Großzügigkeit meiner Eltern leisten. Leider gab es aber nicht immer Fleisch auf dem Markt zu kaufen. Ägypten hat ein Wirtschaftssystem, das an die Planwirtschaft der sozialistischen Länder erinnert. Kairo ist Kopf, Herz und Bauch des ganzen Landes. Und alles, was es auf unserem Markt zu kaufen gab, kam aus Kairo, meist staatlich subventioniert. Wenn nun eine Waggon- oder Lastwagenladung mit Fleisch in den Süden geschickt wurde, kam es häufig vor, daß die Fahrer ihre Fracht unterwegs für ein gutes Bakschisch verkauften. So haben sie die weite Fahrt gespart und zusätzliches Geld verdient. Und bei uns im Süden kam nichts an. Mir ist es nur einmal während meines Aufenthaltes in Assuan geglückt, einen Kuchen zu backen, weil es sonst entweder keine Eier gab oder kein Mehl. Milch gab es sowieso nie.

Wenn es dann einmal Fleisch gab, und hierbei handelte es sich stets um Rindfleisch, so sprach sich das sehr schnell herum, und wir rannten los in den Suk. Nun darf man sich aber keine Metzgerei nach europäischen Maßstäben vorstellen. Der Fleischverkäufer hatte auf einem Tisch unter freiem Himmel einen großen Berg Fleisch liegen, der schwarz vor Fliegen war. Er hatte auch eine Waage, ein Beil und ein Messer sowie einen Stoß Zeitungspapier. Dann kaufte man ein oder zwei Kilo »Fleisch«, und das wurde wild aus der Masse herausgehauen. Deshalb konnte man kein Kotelett oder Filet oder eine Haxe oder gar Gulaschfleisch kaufen. Es gab nur »Fleisch«, das, was auf dem Tisch lag, und zwar mit oder – wenn man Glück hatte – ohne Knochen. Die Ware wurde dann in Zeitungspapier eingewickelt. Dieses Fleisch eignete sich in keiner Weise zum Braten, man konnte es nur kochen. So wurde immer erst aus dem Fleisch eine Suppe gekocht. Die Suppe schlürfte man dann entweder beim Essen, oder man garte in dieser Suppe seine Bohnen oder Linsen, und dann hatte das Linsengericht eine Fleischeinlage. Da Fleisch so kostbar und selten war, war es selbstverständlich, daß man sich, wenn man gemeinsam aß, niemals ein Stück Fleisch aus der Schüssel nahm. Wenn Gäste da waren, dann gab die Hausfrau das Fleisch den Gästen oder dem Ehemann, und dann teilte sie die übriggebliebenen Brocken unter der Kinderschar auf, die es sich aber niemals selbst nahmen.

Durch diese Umstände waren die Leute gezwungen, Hühner, Tauben, Ziegen und Schafe zu halten. Meist gab es Hühnerfleisch aus der eigenen Zucht. Man kaufte ein- oder zweimal im Jahr eine Kiste Küken, die dann großgezogen wurden.

Nachdem ich ein paar Tage auf der Insel Sehel verbracht hatte, überkam mich eine endlose Langeweile. Ich hatte nichts zu tun, konnte mich so gut wie gar nicht unterhalten, sollte mich den ganzen Tag nur ausruhen. Ich konnte auch das Haus nicht verlassen, Hagiga hat dies mit sanfter Gewalt verhindert. Ich mußte warten, bis jemand mit mir ging. Aber wo hätte ich auch hingehen sollen! Es gab nur die paar Häuser, die von Sand und Steinen umgeben waren. Es wuchs dort kein Baum und kein Strauch. Wenn man um die Insel herumging, konnte man auf der westlichen Seite bis zum Staudamm sehen. Das war noch das Interessanteste auf der Insel. Hinzu kam, daß ich entsetzlichen Muskelkater hatte, alle Knochen schmerzten. Ich sehnte mich danach, wieder einmal auf einem Stuhl zu sitzen. Immerzu saß ich auf dem Boden, und meine Gelenke hatten sich noch nicht daran gewöhnt. Ich mußte auch lernen, wie man sich als Frau hinhockt und in der Hocke alle möglichen Tätigkeiten verrichtet, ohne daß die Galabea hochrutschte und man mir unter den Rock sehen konnte.

Nach ein paar Tagen tauchte Amer auf und holte mich ab. Selten habe ich mich so über seinen Anblick gefreut. Alle hier waren sehr lieb zu mir gewesen, aber ich war froh, dem »Gefängnis« zu entkommen.

Als wir nun wieder in Gabal Tagok waren, fing für mich der Alltag an. Ich machte mich daran, alles aufzuräumen und wollte putzen, aber da begannen die ersten Schwierigkeiten. Wo war der Mülleimer? Womit sollte ich putzen? Wo waren die Staubtücher und Putzlappen? Ich mußte warten, bis mein Mann nach Hause kam. Auf meine Frage nach einem Mülleimer schaute er verdutzt.

»Mülleimer? Wozu?«

Er brachte mir dann von irgendwoher einen Eimer, damit ich zufrieden war. Aber dann, wohin mit meinem Müll? Später habe ich herausgefunden, daß die Menschen hier keinen Müll produzieren und folglich keinen Müll in unserem Sinne kennen. Sämtliche Küchenabfälle wurden von den Haustieren gefressen. Verpackungsmaterial gab es kaum, und wenn es welches gab, wurde es sorgfältig aufbewahrt und wieder verwendet. Wenn ich Obst und Gemüse kaufte, so wurde es vom Händler abgewogen und in meinen Einkaufskorb geschüttet. Fleisch und Fisch wurden in Zeitungspapier eingewickelt. Konservendosen wurden als Schöpf- und Trinkgefäße wiederverwendet. Das Zeitungspapier wurde von den Ziegen gefressen. Ich wußte auch gar nicht, daß Ziegen Papier fressen, bis ich eines Tages vor der Haustür saß und einen Brief von zu Hause las. Eine vorbeikommende Ziege schaute mir erst zu, schnupperte dann an meinem Brief, und schwupps riß sie ihn mir aus der Hand und fraß ihn auf. Ich habe ihn nicht zu Ende lesen können.

Ich kämpfte also nun als erstes gegen den Dreck in meinem Hause an. Meine Schwiegermutter sorgte von Anfang an dafür, daß immer ein oder mehrere Mädchen aus der Nachbarschaft mir zur Hand gingen. Ich war sehr dankbar, denn ich wußte ja nicht, wie ich es machen sollte. Wir waren die einzigen in der Nachbarschaft mit Steinfußboden. Den meinte ich putzen zu müssen. Aber es gab nur krumme schiefe Besen, meist Palmwedel. Ich opferte dann eines meiner mitgebrachten Handtücher, um den Boden zu wischen. Staubwischen war eine Arbeit, die man besser unterließ, weil sie sinnlos war. Zur Not schlug man wild mit einem alten Lappen auf die Möbelstücke ein, um die oberste Staubschicht zu entfernen.

Aber mein eigentlicher Kampf galt dem Ungeziefer. Dieser Kampf war aussichtslos. Die Fliegen waren die größte Plage.

Da Fenster und Türen immer offenstanden, hatten sie freien Zugang, und die Wände waren immer schwarz vor Fliegen, und es summte permanent. Wenn es zu schlimm wurde, schlug man mit Lappen nach den Schwärmen in Richtung Tür, wobei man einige Hundert entfernen konnte. Aber der Großteil blieb. Die Einheimischen sind an die Fliegen gewöhnt, und sie stören sie nicht. Niemals habe ich gesehen, daß man einem Kind die laufende Nase putzte, obwohl sich unter Nase und Mund die Fliegen tummelten. Auch auf den Augen saßen die Fliegen permanent, und hier wurde es nun gefährlich. Die berühmte ägyptische Augenkrankheit, die zur Erblindung führt – es gibt viele Blinde mit zerstörten Augäpfeln –, wird von Fliegen verursacht. Aber man hat die Krankheit heute im Griff. Meine Tochter Fatima und ich, wir sind mehrere Male daran erkrankt. Man wacht eines Morgens auf, und die Augen sind verklebt, so daß man sie nicht mehr oder nur unter Schmerzen öffnen kann. Im Krankenhaus bekommt man dann Antibiotika und eine Creme, die man in die Augen reibt. Die Antibiotikatabletten, acht Stück an der Zahl, mehr braucht man nicht, werden abgezählt und in Zeitungspapier eingewickelt. Sehr praktisch, sehr sparsam, wirkungsvoll. Wenn man den Einheimischen mehr als die benötigten acht Tabletten gegeben hätte, hätten sie sie alle genommen oder großzügig – prophylaktisch – unter der Verwandtschaft verteilt.

Daß die Mücken in der Nacht das gleiche Problem darstellten, versteht sich von selbst. Die Ameisenstraßen, die durchs Haus zogen, habe ich sehr schnell einfach nicht mehr beachtet. Die nächsten Feinde, die ich im Haus bekämpfte, waren die Skorpione. Sie sind wirklich heimtückisch und gefährlich. Sie sitzen in dunklen Ecken, Schubladen, Schuhen, unter Schränken und so weiter. Ich habe sehr schnell gelernt, diese Gefahr zu erkennen und habe diese derart verinnerlicht, daß ich heute noch eine gewisse Scheu davor habe, in eine Schublade zu greifen, die ich nicht einsehen kann, oder in Schuhe zu schlüpfen, die ich vorher nicht ausgeschüttelt habe. Ein Skorpionbiß muß innerhalb von zwei Stunden behandelt werden, sonst kann man daran sterben. Wenn ein Skorpion im Haus entdeckt wird, schreit man laut »Agrab, Agrab« (Skorpion!), und das ganze Dorf kommt angelaufen, um suchen zu helfen. Die lieben Tierchen sind ungeheuer flink und lassen sich fast nicht einfangen. Ich habe immer beherzt mit meinen Sandalen zugeschlagen. Wenn ich erst um Hilfe geschrien hätte, wären sie längst wieder weg gewesen. Man kann sich ein wenig schützen, wenn man weiß, daß sie nicht ins Wasser gehen, daß sie aber gut klettern können. So stehen die Bettpfosten immer in wassergefüllten Konservendosen, und die Bettdecken dürfen nie bis zum Boden reichen, damit sie nicht an ihnen hochklettern können. Die Einheimischen sind sehr abergläubisch. Einen Skorpion im Hause zu haben gilt als schlechtes Omen. Dies war auch ein Grund dafür, daß ich nie um Hilfe geschrien habe. Als das erste Mal ein Skorpion in meinem Hause entdeckt und vernichtet wurde, ließ meine Schwiegermutter mein Haus mit Weihrauch ausräuchern und zum Schutz vor den »bösen Geistern« Koransuren, die in kleine Säckchen eingenäht waren, über allen Türen anbringen. (Vielleicht habe ich ungläubige Ausländerin das Unglück angezogen?!)

Als nach fast einem Jahr endlich Küche, Toilette und Badezimmer fertiggestellt waren, habe ich festgestellt, daß sich die Skorpione verzogen hatten, es war ihnen sicher zu feucht geworden. Aber mit dem Tag, da fließendes Wasser im Haus war, kam eine andere Plage: Ratten und Kakerlaken. Vor denen habe ich mich am meisten geekelt, aber sie kamen wenigstens nicht ins Schlafzimmer, wenn ich die Tür sorgfältig geschlossen hielt.

Mit all dem Getier hatte ich als Großstädterin so meine Schwierigkeiten. Eines Nachmittags, ich war alleine zu Hause, klopfte jemand an die Tür. Eine Dame in Schwarz stellte sich als Amers Halbschwester vor, eine Tochter seines Vaters. Sie wollte ihren verwandtschaftlichen Antrittsbesuch bei mir machen. Bevor ich sie aufforderte, Platz zu nehmen, und ihr etwas zu trinken anbot, überreichte sie mir ihr mitgebrachtes Geschenk: Sie öffnete den Schal ihrer Galabea und gab mir ein Huhn, das aber leider noch lebte. Mit einem Schrei des Entsetzens ließ ich mein gackerndes Geschenk fallen, und das Huhn flatterte durchs Wohnzimmer. Sie fing es wieder ein und sperrte es in die Küche. Als am späten Abend mein Mann nach Hause kam und mich in die Küche schicken wollte, damit ich sein Essen hole, weigerte ich mich vehement. Ich erklärte ihm, daß in meiner Küche ein lebendiges Huhn rumfliege und daß ich da nicht hineingehen könne. Amer erklärte mich für total verrückt, rief seinen Neffen Nasser, der das Huhn einfing und mitnahm. Am nächsten Tag brachte mir Nasser das Huhn zurück, aber diesmal war es im Topf und gar.

Hin und wieder zeigte sich Amer als treusorgender und vorausblickender Ehemann und Vater. Meine Entbindung stand kurz bevor, und er machte sich Gedanken um seinen ungeborenen Sohn. In Assuan gab es keine frische Milch zu kaufen. Es gab nur Milchpulver, und die Dosen trugen die Aufschrift UNESCO. Also wollte er entsprechend vorsorgen. Unser Haus hatte, wie bereits beschrieben, einen ummauerten Hinterhof. In einer der hinteren Ecken hatte sich eine Familie eine kleine Hütte gebaut, und mein Mann hatte ihr gestattet, dort zu leben. Eines Tages hörte ich von diesem Hof aus aufgeregte Stimmen, ein seltsames Stampfen und Schnaufen, und ich ging hinaus, um nachzusehen. Ich traute meinen Augen nicht. Da waren mehrere Männer damit beschäftigt, einen Wasserbüffel in den Hof zu zerren und hinter meinem Schlafzimmer anzupflocken. Amer erklärte mir, daß das nur für sein Kind geschähe, damit es täglich frische Milch habe. Aber ich machte ihm sofort klar, daß ich dieses Urviech nie anrühren würde und er sich selber darum kümmern müsse. Das tat er auch. Das heißt, seine Neffen mußten nun das Tier versorgen. Dumm war nur, wie sich später herausstellte, daß unser Wasserbüffel keine Milch gab. Irgend etwas stimmte nicht. Später tauschte Amer dann den Wasserbüffel gegen eine Kuh aus, aber auch hier hat man ihn beim Kauf übers Ohr gehauen, denn diese Kuh hatte noch nie gekalbt, also gab es von ihr auch keine Milch, womit das Kapitel Haustiere für uns abgeschlossen war.

Fatma Abdul Rahman

Fatma Abdul Rahman, auch Um Amer genannt, meine Schwiegermutter, von mir im stillen Nilpferd genannt, nahm in der dörflichen Gemeinschaft eine Sonderstellung ein. Sie war unter den Frauen so etwas wie eine Dorfälteste und genoß großes Ansehen. Sie war meiner Schätzung nach ungefähr sechzig Jahre alt. Sie war so groß wie ich oder vielleicht sogar noch größer und wog gut und gerne hundert Kilogramm. Wenn sie mich in meinem Haus besuchen kam, mußte ich beide Flügel der Haustür aufmachen, damit sie hindurchpaßte. Sie war eine laute, unbescheidene Person, von unbeherrschtem Temperament. Sie führte immer das Wort, und wenn ihr etwas nicht gefiel, konnte sie brüllen wie ein Stier und in rasende Wut geraten, und sie machte mir anfänglich ein wenig Angst. Aber sie war mir zugetan und unterstützte mich und half mir, wo sie nur konnte. Wenn z. B. kein Wasser im Sihr war, dann brüllte sie das ganze Dorf zusammen, und schließlich liefen zehn Leute los, um mir Wasser zu holen. Oft steckte sie mir irgendwelche Leckerbissen zu, die sie vor dem Rest der Familie versteckt gehalten hatte. Vielleicht beruhte ihre Freundlichkeit auf der Tatsache, daß ich ihr Goldesel war, oder vielleicht mochte sie mich wirklich, das vermochte ich nicht zu sagen.

Sie hielt mich für eine Amerikanerin – vielleicht war Deutschland für sie kein Begriff. Es dauerte einige Wochen, bis sie sich merken konnte oder wollte, wie ich hieß. Sie nannte mich immer Chawadscha, so daß alle anderen mich auch so nannten, und in ihren Gesprächen über mich kam immer dieses Wort vor, bis ich herausfand, daß Chawadscha Ausländerin bedeutet, und dann habe ich höflich darauf hingewiesen, daß diese Ausländerin auch einen Namen hat, und so wurde ich dann irgendwann Gabi genannt. Aber wenn die Frauen über mich sprachen, blieb ich immer die Chawadscha.

In den ersten paar Wochen meines Aufenthaltes mußte ich mit Um Amer endlose Besuche machen. Sie stellte mich überall vor. Sie hat laut gelacht, als ich beim ersten Besuch, den wir unternahmen, meine europäische Kleidung anzog, und sie sagte, ich solle doch besser in der Galabea gehen, das sähe besser aus. Außerdem gab sie mir ein Kopftuch, das ich mir umbinden sollte. Vielleicht hatte sie sogar recht, meine Kleidung paßte hier nicht hin, und außerdem war sie unbequem, aber ich wollte mich in diesem Punkte nicht anpassen, setzte mich durch und zog immer, wenn ich das Haus verließ, meine europäische Kleidung an.

Meine Schwiegermutter hat nie gekocht oder irgendwelche Hausarbeiten verrichtet. Sie ging von Haus zu Haus, um zu essen. Später, als ich meine Küche hatte und meinen Haushalt selbst besorgen konnte, aß sie meistens bei mir. Sie ging überall wie selbstverständlich ein und aus, und in allen Häusern wurde sie ehrerbietig bedient. Aber sie war auch Ratgeberin und Heiratsvermittlerin. Sie schlichtete Streitigkeiten, und da sie die Älteste und Erfahrenste war, konnte sie beliebig an alle Befehle erteilen, die willig befolgt wurden.

Hier muß ich nun eine Sache erwähnen, die mir auffiel und mir bald half, die mir fremde afrikanische Mentalität zu verstehen. Wie bereits gesagt, gibt es Schulbildung zum größten Teil nicht. Die jungen Menschen werden nicht zum Nachdenken oder Kritiküben angehalten. Sie werden zu reinen Befehlsempfängern erzogen. Was Männer zu tun oder zu lassen haben, wird ihnen in der Moschee, vom Vater, Onkel oder älteren Brüdern gesagt. Die Anordnungen werden immer widerspruchslos befolgt. Die Männer schreiben den Frauen vor, was sie zu tun haben, und diese protestieren nie. Ältere Frauen schreiben jüngeren Frauen vor, was zu tun ist. Eine verheiratete Frau, die Töchter hat, hat früh »ausgesorgt«, sie braucht nicht mehr viel zu arbeiten. Die Arbeiten werden von den Töchtern, Enkelinnen und Nachbarskindern erledigt. Junge Mädchen werden behandelt wie Sklavinnen. Sie laufen und rennen den ganzen Tag herum, um die älteren zu bedienen. Sie erledigen die gesamte Hausarbeit, meist gemeinsam. Ähnlich geht es den kleinen Jungen, aber sie haben es insgesamt schon besser. Die Folge ist, daß, wenn ein junger Mensch gerade nicht dabei ist, einen Befehl auszuführen, er im Sand sitzt und nichts tut. Gar nichts. Er wartet darauf, daß man ihm sagt, was zu tun sei. Und dann läuft er ohne Widerspruch los. Mir fiel immer der Vergleich mit Hunden ein: Ein Hund liegt normalerweise den ganzen Tag in einer Ecke und schläft. Wenn man ihn ruft oder ihm etwas befiehlt, springt er gehorsam auf. Danach rollt er sich wieder zusammen, um weiter zu schlafen. Diese Menschen lernen nicht, die Arbeit zu sehen, die getan werden muß. Wenn Kinder selbständig spielen oder junge Menschen eine eigene Idee verwirklichen, werden sie immer von den Erwachsenen gestört, weil sie ihnen zur Hand gehen müssen. Kreativität entwickelt sich bei ihnen also nur sehr selten, und einen Sinn für Schönheit zu entwickeln, ist bei dem allgemeinen Verfall schwierig. Denn sie sehen selten, daß ein Haus neu angestrichen wird oder irgendwelche Renovierungsarbeiten durchgeführt werden.

Aber – ich weiche vom Thema ab.

Was hatte es auf sich mit der Sonderstellung meiner Schwiegermutter? Sie war die Dorfälteste, und somit sah sie in allen Haushalten nach dem Rechten. Sie bestimmte, wer zur Schule ging und wer nicht, sie suchte Heiratskandidaten mit aus, sie mischte sich in die Kindererziehung und Geldangelegenheiten ein, und alle folgten willig ihren Anordnungen. Das mußte auch so sein, denn in vielen Haushalten fehlten die Männer. In unserer Straße war Amer der einzige Mann, der ständig zu Hause war. Entweder waren die Männer in Saudi Arabien oder in Kuwait als Gastarbeiter, oder sie lebten bei ihren Zweitfrauen in anderen Städten. Und da mußte jemand wie meine Schwiegermutter das Oberkommando führen.

Ich hatte dadurch gewisse Vorteile, aber auch mich kommandierte sie herum wie eine Sklavin.

Freunde und Gastfreundschaft

In der dritten Woche meines Aufenthaltes bekam ich eines Tages Besuch von drei ausländischen jungen Frauen. Frau Dr. Schmidt aus dem deutschen Krankenhaus, die ich bei meiner ersten Vorsorgeuntersuchung kennengelernt hatte, schickte sie mir, damit sie Kontakt mit mir aufnahmen. Ich war sehr, sehr dankbar dafür.

Sie waren alle drei ungefähr in meinem Alter, alle drei mit

Nubiern oder Ägyptern verheiratet, und alle hatten kleine Kinder, beziehungsweise waren schwanger. Sie kamen aus Deutschland, Australien, Holland. Wir haben uns sehr schnell angefreundet, und wir sahen uns nun regelmäßig. Meist trafen wir uns im nahegelegenen *Old Katarakt*-Hotel, das eine wunderschöne Gartenanlage mit Swimmingpool hatte. Ich genoß die Stunden dort bei Kaffee und Kuchen und konnte mich dann so richtig europäisch fühlen. Aber ich muß leider auch gestehen, daß ich ein wenig neidisch auf sie war. Alle hatten es besser getroffen, was die äußeren Umstände anging.

Die deutsche Freundin hatte einen Ägypter geheiratet, der Chef des nationalen Reisebüros in Assuan war. Er verdiente gut, und sie wohnten in einer schönen, europäisch eingerichteten Wohnung an der Nilpromenade.

Die Australierin war mit einem Nubier verheiratet, hatte zwei Töchter und wohnte etwas außerhalb in einem Wohnblock, aber sie hatte auch eine gut eingerichtete Wohnung. Ebenso die Holländerin, die ihre Wohnungsnachbarin war. Sie hatten alles, was man brauchte als Europäerin: Toiletten, Badezimmer, Wohn- und Schlafzimmer, Waschmaschinen und so weiter – vor allen Dingen konnten sie hinter sich die Haustür schließen und waren dann für sich allein. Das konnte ich nicht. Die Haustür im nubischen Dorf *muß* immer offenstehen, damit jeder hindurchgehen kann. Und es geht wirklich zu wie in einem Taubenschlag. Ich hatte keine Privatsphäre, ja, noch nicht einmal eine Toilette, wo ich die Tür hinter mir zumachen hätte können. Selbst in unserem Schlafzimmer ging die Verwandtschaft nach Belieben ein und aus, egal, ob ich im Bett lag oder nicht. Vielleicht resultierte hieraus die Gewohnheit der Nubier, mit den Straßenkleidern zu schlafen.

Ich habe Amers Familie – und auch die Nachbarn – sehr

schnell in mein Herz geschlossen, aber manchmal ging mir die Nähe zu ihnen doch sehr auf den Geist.

Gastfreundschaft und das Verhältnis zu Eigentum sind grundverschieden zu unseren Ansichten. Wenn man ißt, und es kommt jemand hinzu, wird er selbstverständlich gebeten mitzuessen. Wenn bei uns in Deutschland eine dreiköpfige Familie ißt, dann gibt es drei Teller und drei Koteletts, und wenn wir dann von Besuch überrascht werden, so geben wir ihm nicht einfach ein Stück Kotelett ab, sondern wir hören auf zu essen, oder der Besuch muß warten, bis wir gegessen haben. Solch ein Verhalten wäre in Ägypten ein Grund zur Ächtung. Nun ist es aber dort auch nicht so kompliziert, man rückt einfach zur Seite, und eine weitere Hand greift mit in die Teller. Es gibt auch nur ein einziges Gefäß, aus dem alle Wasser trinken.

Wenn man wirklich beim Essen nicht gestört werden will, weil zu wenig da ist oder weil es etwas Besonderes zu essen gibt und man nicht teilen will oder kann, dann bleibt einem nur übrig, die Haustür zu schließen, und dies wird dann auch respektiert. Man sollte es aber nicht allzuoft tun.

Was ich nie habe lernen können, das war, daß man nicht nur das Essen teilt, sondern auch alle anderen Dinge. Ich hatte aus Deutschland nicht viel mitbringen können, aber einige kleine Dinge, die mir etwas bedeuteten, hatte ich doch herübergerettet. Ich wollte diese Dinge dekorativ aufstellen, weil ich sie um mich haben wollte, aber Amer ist sofort eingeschritten und hat mir gesagt, ich solle alles sofort wieder einpacken. Er gab mir keine weitere Erklärung. Ich mußte bald schmerzlich lernen, warum er das tat.

Ich hatte seinen Rat nicht befolgt und mit meinen lieben Erinnerungstücken aus der Heimat das Haus dekoriert. Nun gefielen diese Sachen auch allen anderen, und jeder nahm jedes einzelne Teil in die Hand, um es zu bewundern und um mir zu sagen, wie schön sie das alles fänden. Ich fühlte mich geehrt, aber nach und nach verschwanden meine Gegenstände. Ich habe mich bei meinem Mann über die diebischen Dorfbewohner beschwert, und er sagte mir nur: »Ich hatte dir doch gesagt, du sollst wieder alles einpacken. Wenn du hier alles rumstehen läßt und es den Leuten gefällt, dann mußt du es ihnen geben.«

Danach fiel mir auch auf, daß alle Häuser, die ich bisher kannte, ärmlich bis verwahrlost aussahen. Die Einrichtung des Hausinneren bestand immer nur aus Lumpen, Lappen, billigen Tüchern und Papier- oder Plastikblumen. Sonst gab es oft nichts. Es war nicht so, daß die Leute so schrecklich arm waren, sie haben nur ihre guten, teuren Sachen versteckt, damit sie niemand sah und haben wollte. Die goldene Uhr, die meine Eltern Amer geschenkt hatten, überdauerte nur ein paar Tage an seinem Arm. Ein Freund fand sie so schön, daß Amer gezwungen war, sie ihm zu schenken. Meine Schwiegermutter wohnte sozusagen im Hühnerstall, aber sie hatte einen Schrank mit einem riesigen Vorhängeschloß, und hierin befanden sich die kostbarsten Stoffe und Galabeas von Baumwolle über Seide bis zu Samt. Getragen hat sie immer nur dieselbe durchlöcherte, damit niemand ahnte, wie reich sie in Wirklichkeit war.

Amer hatte gegen meine Freundinnen nichts einzuwenden. Er erlaubte mir großzügig, sie zu treffen oder sie besuchen zu gehen. Er gab mir sogar Geld, damit ich mir eine Tasse Kaffee leisten konnte. Aber mehr als eine Tasse Kaffee konnte ich mir von diesem Taschengeld niemals leisten. Und mir war es oft peinlich, wenn die anderen eine zweite Tasse Kaffee bestellten oder sogar Kuchen. Dann mußte ich immer dankend ablehnen.

Nicht leiden konnte Amer meine holländische Freundin. Aber ich glaube, es hing mit ihrem Ehemann zusammen. Da

Amer nie klar und deutlich mit mir sprach, mußte ich mir die Gründe selbst zusammensuchen. Die Freundin hat dann fast zur gleichen Zeit entbunden wie ich. Nur ist sie nach der Schwangerschaft dicker, und ich bin dünner geworden. Also hat sie ihren Kleiderschrank ausgeräumt und mir alles, was ihr nicht mehr paßte, geschenkt. Es waren wunderschöne und auch teure Kleidungstücke dabei. Ich war sehr glücklich und dankbar, denn ich besaß nur noch eine Jeans, einen Rock, ein paar Blusen und ein paar Galabeas.

Als ich freudestrahlend mit meinem Paket nach Hause kam und es Amer zeigte, bekam er einen Tobsuchtsanfall: »Meine Frau hat es nicht nötig, sich von anderen beschenken zu lassen und von diesen Leuten schon mal gar nicht!« Er riß mir das Paket aus der Hand, warf alles wild durchs Zimmer und schrie: »Das bringst du auf der Stelle zurück, die Sachen bleiben keine Minute länger in meinem Haus.«

Ich war wie vor den Kopf gestoßen. Was sollte das? Was war in ihn gefahren? Es war mir sehr peinlich, und ich habe mich sehr geschämt und war auch sehr böse, denn ich wollte die Kleidungsstücke unbedingt behalten. Selbst wenn Amer mir nun Geld gegeben hätte für neue Kleider – was er gar nicht erst in Erwägung zog –, in Assuan hätte ich nichts Vernünftiges kaufen können, es gab nichts außer Stoffen und fertigen Galabeas.

Amers Verhalten war mir unheimlich und rätselhaft. Warum hatte er so reagiert? Was hatte er gegen diese Leute? Was hatte das mit den Kleidern zu tun? Er hatte bei seinem Anfall die reine Mordlust in den Augen, und ich hätte nicht gewagt, mich ihm zu widersetzen.

Fatima

In Assuan gab es ein Krankenhaus unter deutscher Leitung. Es war ziemlich klein, sehr sauber und gehörte der Evangelischen Kirche. Frau Dr. Schmidt war die Krankenhausleiterin und auch Gynäkologin. Sie hatte ägyptisches und auch deutsches Personal. Sehr bald nach meiner Ankunft in Assuan habe ich mich bei ihr vorgestellt, und sie untersuchte mich und fand alles in Ordnung. Daß ich hier entbinden sollte, stand nun fest. Ich brauchte mir also keine Sorgen mehr zu machen.

Sie bestellte mich für Ende April zur nächsten Untersuchung, und da versetzte sie mir einen Schock. Sie sagte, sie sei zum voraussichtlichen Zeitpunkt meiner Entbindung nicht in Assuan. Das Kind sollte im Juni kommen. Sie hatte bei unserem ersten Gespräch nicht bedacht, daß sie ja die Sommermonate immer in Deutschland verbrachte, und im Juni war sie bereits weg. Ihr ägyptischer Kollege, der kein Gynäkologe war, weigerte sich, mich zu entbinden, weil ich eine Ausländerin war, zudem eine »Risikoschwangerschaft« hatte, da ich mit einunddreißig Jahren Erst- und Spätgebärende war. Sie versuchte, mir meine Angst zu nehmen und versicherte, daß ihre deutschen Krankenschwestern allesamt gut ausgebildete und erfahrene Hebammen seien, sie hätten ihr vollstes Vertrauen.

Mein Mann war sehr erbost, als er davon erfuhr, und sagte: »Wir sind auf diese dummen Deutschen nicht angewiesen. Es gibt auch gute ägyptische Ärzte und Krankenhäuser.«

Und er fuhr mit mir in die Stadt zu einem »Frauenarzt«. Als wir dort in der Praxis ankamen, zündeten sich die beiden Männer erst einmal zur Begrüßung eine Zigarette an und unterhielten sich eine Weile. Dann wurde ich gebeten, mich auf eine vor Schmutz starrende Liege zu legen, und durch die

Kleider hindurch betatschte dieser Arzt meinen Bauch und meinte, es sei ja soweit alles in Ordnung, ich solle in sein Krankenhaus kommen, wenn es an der Zeit wäre. Wir fuhren dann am gleichen Tag noch in ein Krankenhaus, das wohl ein privates Krankenhaus war, und nun saßen wir wieder in einem Büro, in dem erstmal geraucht und Tee getrunken wurde. Vielleicht gehörte das alles zu den Verhandlungen, jedenfalls ließ mein Mann ein ordentliches Bakschisch da und mir wurde zugesichert, daß ich sogar ein Einzelzimmer bekommen würde.

Drei Tage vor dem errechneten Geburtstermin fuhr frühmorgens ein Taxi bei uns vor, und ihm entstiegen vier Vettern von Amer, die aus Khartoum, Sudan, angereist kamen. Einer der Vettern war krank und konnte nicht gehen. Er wurde ins Haus getragen und in eines unserer Betten gelegt. Wie immer bei solchen Angelegenheiten kam das ganze Dorf angelaufen zur Begrüßung, und im Laufe des Vormittages kam ich dahinter, was es mit dem Besuch und dem kranken Vetter auf sich hatte. Welche Krankheit er genau hatte, habe ich nicht erfahren können. Er hatte irgendwelche Lähmungen und war steif wie ein Brett. Im Sudan konnte man ihm keine adäquate medizinische Hilfe zukommen lassen, also schickte man ihn nach Kairo. Die vier kannten sich aber in Kairo nicht aus, und so kamen sie erstmal zu Amer, den sie nun baten, sie nach Kairo zu begleiten, um für den Kranken eine entsprechende ärztliche Versorgung zu finden. Einige Tage später kam Amer wieder mit einer Hiobsbotschaft nach Hause: Auf dem Nil etwas nördlich von Assuan hatte es ein Schiffsunglück gegeben mit vielen Verletzten und Toten. Die Verletzten waren auf alle Krankenhäuser verteilt worden, was für mich bedeutete, daß ich nicht in dem ägyptischen Krankenhaus, in dem ich angemeldet war, entbinden konnte. Die umliegenden Krankenhäuser waren alle belegt.

Nun ergriff mich das blanke Entsetzen: Mein Mann hatte schon Zugfahrkarten, um am nächsten Tag mit seinen Vettern nach Kairo zu fahren und wollte mich hier alleine lassen. Ins Krankenhaus gehen konnte ich nicht, arabisch sprach ich noch kaum. – Amer wollte mich hier in der Wüste alleine lassen! Wie und wo hätte ich nun mein Kind bekommen sollen, das schon drei Tage überfällig war? Die Frauen aus der Nachbarschaft, die meinen hysterischen Anfall mitbekommen hatten, brachen in schallendes Gelächter aus: »Selbstverständlich bekommst du das Kind hier zu Hause, alle bekommen ihre Kinder zu Hause, jede Frau hier ist eine gute Hebamme.« Sie meinten, ich solle mich nicht lächerlich machen und gefälligst meinen Mann in Ruhe lassen, er habe damit nichts zu tun, Kinderkriegen sei Frauensache. Sie wollten sich um mich kümmern, und er sollte unterdessen seinen familiären Pflichten seinen Vettern gegenüber nachkommen. Ich sah im Geiste schon die vielen schwarzen ungewaschenen Hände nach mir und meinem Kind greifen, und meine Hysterie steigerte sich noch. Ich flehte und bettelte Amer an, mich mitzunehmen, mich um Himmels willen nicht alleine zu lassen, ich würde mir sonst was antun. Schließlich willigte er ein und ging los, für den nächsten Morgen Flugtickets nach Kairo zu besorgen. Aber die Flüge waren alle ausgebucht für den nächsten Tag, und wir mußten mit dem Zug fahren. Allerdings kaufte er Erste-Klasse-Tickets, damit ich es wenigstens unterwegs bequem haben sollte im eigenen Zugabteil.

Morgens früh fuhren die Vettern los, und unser Zug fuhr erst um die Mittagszeit. Ich hatte schon seit längerer Zeit einen kleinen Koffer fertig gepackt mit Babysachen, die ich aus Deutschland mitgebracht hatte. In Assuan gibt es keine Babysachen zu kaufen. Es waren nicht viele Sachen. Meine Mutter hatte mir in der Zwischenzeit auch ein Paket mit Babywäsche geschickt, aber das Paket war ein halbes Jahr unterwegs, und als es endlich im Oktober kam, waren die Sachen für Fatima schon zu klein.

Ich war selig, als wir endlich im klimatisierten Zug saßen, mein Mann war nun bei mir, und ich fühlte mich relativ sicher. Wir bestellten uns ein feudales Mittagessen, und plötzlich bemerkte ich ein leichtes Ziehen in der Leistengegend. Es wurde immer stärker, so daß sogar Amer merkte, daß etwas nicht stimmte, und er fragte mich: »Was hast du?«

»Mir tut hier was weh.«

»Ob das Kind jetzt kommt?«

»Wie soll ich das wissen, ich habe noch nie ein Kind bekommen und weiß nicht, wie das ist.«

Er hatte dann einen glorreichen Einfall. Beim Einsteigen in den Zug hatte er eine Bekannte aus unserem Dorf gesehen, und er ging sofort hin, um sie zu fragen, wie es wohl sei, wenn die Wehen einsetzen.

Nach einer Weile kam er zurück und beruhigte mich. Diese Frau hatte schon fünf Kinder bekommen und erklärte ihm, daß Wehen immer vom Rücken ausgehen, also konnten das bei mir keine Wehen gewesen sein.

Aber irgendwie lagen wir alle falsch mit unseren Vermutungen, mir schmeckte plötzlich meine Zigarette nicht mehr, die Coca-Cola wurde schal, die Schmerzen wurden immer schlimmer und kamen in immer kürzeren Abständen, und mir war bald klar, daß das Kind jetzt kommen wollte. Amer fragte mich, ob ich bis Kairo durchhalten würde, denn sehr bald wären wir in Luxor, und Luxor war der einzige Halt, den dieser Schnellzug Assuan – Kairo hatte. Da ich keine Ahnung hatte, wie lange sowas dauern kann und es mir noch relativ gutging, war ich im Glauben, noch stundenlang durchhalten zu können, und wir ließen Luxor passieren, ohne auszusteigen. Da das Schienensystem in Ägypten aber sehr veraltet ist und unser schöner Pullman-Zug mich ordentlich durchschüttelte, wirkte das wie ein Wehenbeschleuniger. Es wurde nun immer schlimmer, und Amer lief wieder davon, um beim Zugführer einen Arzt ausrufen zu lassen. Plötzlich versammelte sich eine Menschenmenge vor unserem Abteil, und ich dachte, so viele Ärzte können doch unmöglich hier an Bord sein. Es waren nur Neugierige, und jeder wollte helfen. Irgendwann zwängten sich einige junge Amerikaner zu mir ins Abteil, zwei junge Frauen, die von sich behaupteten, Hebammen zu sein, und sie untersuchten mich fachmännisch. Das Groteske an der Situation war, daß diese jungen Leute Mormonen waren, und der junge Mann, der zu ihnen gehörte, erzählte mir in jeder Wehenpause etwas über seinen Glauben und versuchte, mich zu missionieren. – Wie ich die Mormonen seitdem hasse!! – Die Geburt des Kindes stand nun kurz bevor, und die jungen Frauen machten sich bereit, mich hier im Zugabteil zu entbinden, und er wollte mich zu seinem Glauben bekehren!

Amer hatte in der Zwischenzeit bei der Zugleitung durchgesetzt, daß in der nächsten Stadt, in Assiut, angehalten wurde, und man hatte sogar über Funk einen Krankenwagen bestellt. Mehrere Leute halfen mir beim Aussteigen, ich konnte kaum noch gehen, und man fuhr mich in Windeseile in die Universitätsklinik.

Die Krankenpfleger trugen mich eine endlose Treppe hinauf, einen Aufzug schien es hier nicht zu geben. Dann wurde ich sofort in den Kreißsaal gebracht. Ein mürrisch dreinblickender Arzt, ich hatte ihn wohl um seine Nachtruhe gebracht, schlenderte in Zivil mit einer brennenden Zigarette in der Hand auf mich zu, hob mein Kleid hoch, um nachzuschauen, wie weit es wohl sei. Das Kind war sozusagen schon da, und er hatte kaum noch Zeit, seine Zigarette auszumachen.

Kurze Augenblicke später nahm eine Krankenschwester von ihm ein schreiendes Menschlein entgegen und wollte damit aus dem Raum gehen, aber ich konnte ihr gerade noch hinterherrufen und fragen, was es denn wohl war.

»Ein Mädchen.«

Das waren die einzigen Worte, die im Kreißsaal mit mir gesprochen wurden.

Danach fuhr man mich auf einer Trage hinaus, was mir albern vorkam, ich fühlte mich nun wieder fit und wäre lieber zu Fuß gegangen. Draußen wartete mein Mann, etwas blaß, soweit seine Hautfarbe das erkennen ließ, und ich sagte ihm, daß wir eine Tochter hätten, und er antwortete mit einem erschöpften Lächeln: »Na, ist ja toll.« Und verschwand.

Ich wurde nun in ein Bett gebracht, das in einem Krankenzimmer mit noch sieben anderen Betten stand. Da es aber zwei Uhr nachts war, war der Raum kaum beleuchtet, und ich konnte nichts Genaues erkennen. Als ich nun im Bett lag – ich hatte immer noch meine Reisekleidung an –, kamen die diensthabenden Krankenschwestern, setzten sich an mein Bett und fragten mich tausend Sachen, die ich damals noch nicht gut verstehen konnte. Eine Schwester sprach ein wenig Englisch. Sicher war ich für sie eine außergewöhnliche Patientin, was sie veranlaßte, sich intensiv und neugierig um mich zu kümmern. Sie fragten mich, ob ich einen Wunsch hätte. Ich sagte, der einzige Wunsch, den ich im Moment verspüre, sei, eine Zigarette zu rauchen. Geflissentlich gaben sie mir Feuer und beobachteten mich kichernd. Man stelle sich vor: In einem Wöchnerinnenzimmer – in jedem Bett lag eine Frau, und die Säuglinge waren auch zum Teil mit im Zimmer – gestatteten sie mir zu rauchen!!!

Danach fragten sie mich weiter aus, und nun verspürte ich einen Bärenhunger. Aber sie sagten, zu essen gäbe es hier leider nichts. Irgendwann gelang es mir, ihnen klarzumachen, daß ich nun müde sei, und sie ließen mich in Ruhe endlich schlafen.

Als ich am nächsten Morgen die Augen öffnete, sah ich als allererstes eine dicke braune Kakerlake an der Wand hinter meinem Bett hochklettern. Entsetzt sprang ich auf und bemerkte, daß meine Bettlaken in allen Farben vor Dreck schillerten und auf dem Boden die Ameisen krabbelten. Ich schaute mich weiter um, und nun sah ich, daß in einigen Betten zwei Frauen lagen, jeweils am Kopf- und am Fußende. Ihre in schmutzige Lappen eingehüllten Kinder hatten sie aus Platzmangel auf den Boden gelegt. Vielleicht hatte ich ja richtiges Glück, ein Bett für mich alleine zu haben!!!

Im Laufe des Vormittags kam dann Amer und erkundigte sich nach meinem Wohlbefinden. Da ich immer noch mein Reisekleid anhatte, wünschte ich mir nichts sehnlicher, als mich zu duschen und umzuziehen. Außerdem hatte ich immer noch Hunger. Er bedauerte, daß es in den ägyptischen Krankenhäusern keine Duschen und nichts zu essen gäbe, aber er wollte sehen, was sich machen ließe – und zu essen würde er schon etwas besorgen. Es gibt wirklich nichts zu essen in diesen Krankenhäusern, dafür sind die Angehörigen zuständig. Plötzlich wurde mir klar, warum in den deutschen Krankenhäusern unsere Ausländer und vor allem die Orientalen soviel Besuch bekamen. Sie gehen davon aus, daß die armen Kranken Hunger leiden müssen!

Amer hinterließ vor seinem abermaligen Verschwinden ein großartiges Bakschisch, und die Schwestern gestatteten mir, mich in der Waschküche zwischen dampfender Wäsche in einer kleinen Schüssel ein wenig zu waschen.

Ich wollte mir frische Wäsche aus meinem Koffer nehmen und mußte zu meinem Entsetzen feststellen, daß er halb leer war. Die lieben Krankenschwestern hatten in der vergangenen Nacht meine Tasche geplündert und alle Babysachen gestohlen! Es war nur noch ein Jäckchen und eine Windel da! In meinem noch schlechten Arabisch versuchte ich mich zu beschweren, aber niemand konnte und wollte mich verstehen. Ich hoffte im stillen auf meinen Mann, der mir aus der Misere helfen sollte.

Um die Mittagszeit kam dann eine junge Frau, die sich als Ärztin vorstellte. Ich sagte ihr, daß ich gestern nacht ein Kind bekommen hätte, was denn wohl daraus geworden sei. Ich fragte sie, warum ich es nicht bei mir hätte wie die anderen Frauen, ob es wohl krank sei. Nein, mit dem Kind sei alles in Ordnung. Wenn ich wollte, würde sie es mir bringen. Ich bat höflich darum.

Nun lag bei mir auf dem Kopfkissen dieses kleine Wesen und schaute mich mit seinen schwarzen Knopfaugen an. Ich betrachtete es lange Zeit und wartete auf meine Muttergefühle, die sich nicht einstellen wollten. Es war mir so fremd und etwas unheimlich. Ich konnte mit dem »Frischling« jetzt so nichts anfangen und bat darum, das Kind wieder mitzunehmen.

Das Krankenzimmer füllte sich im Laufe des Tages mit den Familienangehörigen meiner Bettgenossinnen, und alle bekamen etwas zu essen mitgebracht, nur zu mir kam niemand. Ich mußte weiter Hunger leiden.

Amer kam erst am frühen Abend mit einer Mahlzeit und gab auch noch die Hälfte davon meiner Bettnachbarin ab, die »so hungrig schaute«. Gastfreundschaft muß sein, das ist oberstes Gebot! Daß ich fast am Verhungern war, interessierte wenig. Über den Diebstahl der Babysachen konnte er auch nichts erfahren und mir nicht weiterhelfen, und wir mußten das Thema fallenlassen. Er erzählte, daß er für den nächsten Tag neue Zugbillets hatte, damit wir nach Kairo weiterfahren konnten. Es kostete ihn wiederum eine Menge Bakschisch, daß ich noch eine weitere Nacht im Krankenhaus bleiben konnte, denn üblicherweise gehen die Frauen am Tag nach der Entbindung gleich wieder nach Hause.

Am nächsten Morgen, als er mich abholen kam, fragte ich ihn, ob wir denn keine Geburtsurkunde für unsere Tochter bekämen. Daß es keine Nachuntersuchung für mich gab, nichts zu essen, keine Dusche, okay, aber ich wollte doch wenigstens eine Geburtsurkunde haben! Er versprach, sich darum zu kümmern, während ich die Sachen, die mir verblieben waren, einpackte. Nach kurzer Zeit rief er mich, ich solle ins Arztzimmer kommen. Hier fand ich nun eine aufgeregte Menge von Krankenschwestern und Pflegern vor, die allesamt bemüht waren, ein Formular auszufüllen. Alles schrie aufgeregt durcheinander, man beschimpfte sich, jeder nahm einmal den Kuli in die Hand und versuchte sich an diesem Papier. Was ich hier sollte, war mir unklar. Meinem Mann platzte der Kragen. Er brüllte plötzlich los, riß dem Pfleger das Papier aus der Hand, zerknüllte es und warf es auf den Boden. Mich zerrte er aus dem Zimmer, und wir gingen. Auf meine zögerliche Frage, was denn nun mit der Geburtsurkunde sei, antwortete er: »Das machen wir in Kairo.« Ich fand seinen Wutausbruch unangebracht, behielt aber meinen Ärger für mich, denn ich entschuldigte dies mit den Aufregungen der letzten Tage. Ich wußte ja auch gar nicht, wo er die vergangenen Nächte verbracht hatte, wie und ob er geschlafen hatte. Auf meine diesbezügliche Frage bekam ich nur zur Antwort, er sei bei Freunden gewesen.

Nun gingen wir zum nahegelegenen Bahnhof. Ich trug das Kind auf dem Arm und wußte gar nicht so recht, wie ich dieses Bündel halten sollte. Wir mußten die endlose Treppe hinuntersteigen, die man mich vor zwei Nächten hinaufgetragen hatte. Ich fühlte mich sehr unsicher. Ich hatte bei der Aufregung im Zug meine Brille und meine Sandalen liegenlassen, und nun sah ich kaum, wohin ich trat, und trug meine Ersatzschuhe, die viel zu hohe Absätze hatten.

Wir mußten noch eine Weile auf die Ankunft des Zuges warten und nahmen in einer großen, menschengefüllten Wartehalle Platz. Amer saß neben mir und unterhielt sich mit seinem Nachbarn. Plötzlich fing das Bündel auf meinem Arm an zu schreien. Mir brach der Schweiß aus. Was sollte ich tun? Die Leute um mich herum schauten mich unwillig an. In Ägypten darf ein Kind nicht weinen, es wird sofort beruhigt. Jetzt unterbrach auch mein Mann das Gespräch mit seinem Bekannten und sagte ganz unwirsch zu mir: »Warum schreit das Kind? Gib ihm die Brust!!« Der hatte gut reden. Wie sollte ich das nur machen? Hier im Bahnhof? Vor all den Leuten? Und überhaupt, wie geht das? Ich hatte zwar schon tausendfach gesehen, daß die Frauen ihre Kinder hier in Ägypten, wo sie gehen und stehen, stillen, aber ich? Ich war der Verzweiflung nahe, das Bündel brüllte immer lauter, die Leute wurden unruhig, da schrie mich Amer ganz böse an: »Hörst du denn nicht, daß das Kind weint? Gib ihm die Brust, es hat Hunger!«

Also holte ich meine Brust heraus. Ich wäre am liebsten im Erdboden versunken, so habe ich mich in dem Moment geschämt, aber das Kind schnappte dankbar danach, die Leute wandten sich von mir ab, und Amer nahm wieder das Gespräch mit seinem Freund auf, keiner kümmerte sich weiter um mich. So einfach war das!

Die Fahrt nach Kairo dauerte ein paar Stunden, und immer, wenn mein Kind sich rührte, gab ich ihm abwechselnd mal die eine, mal die andere Brust. Nun hatte mein Mann keinen Grund mehr, mich auszuschimpfen. Wir fuhren mit dem Taxi nach Rouda-Island – eine vornehme Nilinsel in Kairo –, wo ein Onkel von Amer, Hag Abdu, wohnte. Er und seine Frau arbeiteten beide in einem teuren Privatkrankenhaus und hatten im obersten Stockwerk dieses Gebäudes eine schöne, große, europäisch eingerichtete Wohnung. Man hatte von dort einen wunderschönen Blick auf Kairo, auf den Nil, ich konnte sogar bis nach Giseh zu den Pyramiden sehen.

Hag Abdu und seine Frau waren sehr nette Leute. Sie hatten drei Söhne. Hag Abdus Erstfrau wohnte mit ihrer Tochter Rouda in Gabal Tagok, aber Rouda war zur Zeit auch in Kairo bei ihrem Vater. Amer gab mich und seine Tochter bei ihnen ab und verschwand. Ich habe nie erfahren, wohin und zu wem. Er mußte sich ja um seinen kranken Vetter kümmern, aber mehr hat er mir nicht erzählt.

Das Ehepaar war so nett zu mir, daß sie mir sogar ihr Schlafzimmer zur Verfügung stellten. Ich durfte mit Fatima in dem Ehebett ganz alleine schlafen. Wohin die beiden zum Schlafen gingen, weiß ich nicht, ich war ihnen jedenfalls sehr dankbar.

Gleich am nächsten Tag hat Hag Abdus Frau sich an die Nähmaschine gesetzt und hat für Fatima einige Hemdchen genäht. Sie kaufte mir auch Windeln und ein paar Höschen. Viel brauchte ich nicht, es war ja Sommer und viel zu heiß, als daß ich das Kind hätte einpacken können. Hag Abdu hat sogar dafür gesorgt, daß ein Arzt aus seinem Krankenhaus Fatima untersuchte. Er hat sie für gesund befunden – was ich auch vermutet hatte –, aber nun war ich doch beruhigt.

Es gab in dieser Wohnung auch ein Telefon, und nun konnte ich endlich meine Eltern anrufen und ihnen die freudige Mitteilung machen, daß ihr Enkelkind geboren war und daß Mutter und Kind wohlauf waren. Sie haben sich stark gewundert, daß ich aus Kairo anrief, aber die wahre Geschichte von Fatimas Geburt habe ich ihnen doch erst später erzählt.

In den ersten Tagen bekam ich Besuch. Meine australische

Freundin aus Assuan war mit der ganzen Familie in Kairo. Ihr Mann war ziemlich wohlhabend, und alle Leute, die es sich irgendwie leisten können, verbringen die Sommermonate in Kairo oder Alexandria, um den Höllentemperaturen in Assuan zu entfliehen. Sie brachte mir eine ganze Tasche voll Babysachen mit. Ich war zu Tränen gerührt, als ich die schönen weißen niedlichen Sachen sah, da mein Kind ja nur in notdürftig zusammengeschneiderte Lappen gekleidet war. Woher sie wußte, wo ich wohnte, weiß ich nicht, vielleicht hatte sie Kontakt mit Amer.

Nun hatte ich aber dort in Kairo ein großes Problem: Ich litt Hunger. Drei Tage nach Fatimas Geburt fing der Fastenmonat Ramadan an, und da ich in einem sehr frommen Haus wohnte (Hag Abdu war schon dreimal in Mekka gewesen), gab es tagsüber nichts zu essen. Irgendwann habe ich mal ganz vorsichtig und schüchtern gefragt, ob ich etwas zu essen haben könnte, und dann hat man sich selbstverständlich beeilt, mir etwas zu geben. Aber während ich am Tisch saß und aß, schauten mir mehrere hungrige Augen zu, und mir verging der Appetit.

Ich hatte während der Schwangerschaft viel Gewicht durch die nicht endenwollenden Durchfälle verloren. Einige Tage vor Fatimas Geburt war ich noch bei einer Freundin zu Besuch gewesen. Ich stellte mich auf ihre Waage. Ich sah, daß ich im neunten Monat der Schwangerschaft genausoviel wog wie früher, als ich nicht schwanger war. Nun stillte ich vierundzwanzig Stunden am Tag, war nervös und unruhig, mußte mich erst an meine neue Rolle als Mutter gewöhnen und bekam nichts zu essen.

Am frühen Nachmittag fingen die Frauen an, das Essen vorzubereiten. Die Hausfrau arbeitete den ganzen Tag im Krankenhaus, aber Rouda war da und auch noch einige andere Mädchen, von denen ich nicht mehr weiß, wer sie waren. Sie bereiteten die köstlichsten Speisen vor. Gegen Abend wurde der Tisch gedeckt, und es trafen viele Menschen zum Essen ein. Zum Zeitpunkt des Sonnenuntergangs, der in der Großstadt schwer festzustellen ist, gehen überall in der Stadt Böllerschüsse los, und die Fastenden stürzen sich erstmal auf die Getränke, denn sie trinken ja auch nichts, während sie fasten. Danach fällt man über die festlich gedeckte Tafel her, und das war immer genau der Zeitpunkt, da mein liebes Kind anfing zu schreien und ich gehen mußte, um mich um meine Tochter zu kümmern. Ich hatte zu dem Zeitpunkt noch nicht so richtig heraus, wie man das Kind immer bei sich tragen konnte. Jedenfalls, wenn ich dann zurückkam, war die Tafel geplündert, und wenn ich Glück hatte, konnte ich noch ein paar Teller auskratzen. Selbst wenn ich nur kurze Zeit weg war – es war immer alles weg, denn die Orientalen können in Windeseile das Essen hinunterschlingen. Und das müssen sie auch, das gehört sich so. Wenn man so ißt wie wir Europäer, nämlich langsam, gesittet und ohne zu schmatzen, bekommt man immer Vorwürfe zu hören: »Warum ißt du nicht? Schmeckt es dir nicht?« Wer also das Essen gierig hinunterschlingt, macht der Hausfrau ein Kompliment, und wenn man nach dem Essen rülpst, so war das Essen besonders gut. Nur ich hatte immer das Nachsehen.

Eines Abends nach dem Essen lud mich Hag Abdu zu einem Ausflug ein. Ich lehnte freundlich ab, denn ich konnte ja mein Kind nicht zu Hause lassen und einfach weggehen. Ich erntete lautes Gelächter – das Kind nehmen wir mit! Ein Teil der Familie, so viele wie in das Auto paßten, kam mit. Es sei Tradition, im Monat Ramadan in der Nacht die Pyramiden aufzusuchen, wurde ich belehrt. Nun kannte ich die Pyramiden bereits als Touristin, aber nur tagsüber. Was sich jetzt im Monat Ramadan mitten in der Nacht abspielte, hätte ich mir nicht träumen lassen. Es schien mir, als sei die gesamte Bevölkerung auf den Beinen, und die halbe Menschheit tummelte sich dort. Sie wanderten umher, tanzten und sangen, lagerten auf dem Boden und aßen, andere schliefen oder spielten irgendwelche Spiele. Touristen sah ich keine. Mir kam plötzlich der Gedanke: Wenn ich jetzt in Deutschland wäre, dann läge ich als Wöchnerin im Krankenhaus und würde von vielen Menschen verwöhnt und verhätschelt. Aber so machte ich fünf Tage nach Fatimas Geburt mit dem Kind einen Ausflug zu den Pyramiden!!! Nun, warum eigentlich nicht? Ich war ja nicht krank und das Kind auch nicht, warum sollten wir uns nicht mitten in der Nacht bei den Pyramiden herumtreiben?

Amer habe ich in der Zeit sehr selten gesehen. Eines Tages kam er und brachte mir ein Formular und erklärte mir, wie ich es ausfüllen sollte. Als er wieder weg war, hatte ich vergessen, an welcher Stelle ich was eintragen sollte, denn lesen konnte ich diese Formulare ja nicht. Als er am nächsten Tag wiederkam und sah, daß ich seinen »Auftrag« nicht ausgeführt hatte, schalt er mich hoffnungslos dumm. Ich solle mir gefälligst ein wenig Mühe geben, denn schließlich wäre ich ja diejenige gewesen, die eine Geburtsurkunde für die Tochter haben wollte, obwohl das bei einem Mädchen ja nun wirklich nicht nötig sei.

Er ging mit dem Formular fort und kam dann aber mit einer Geburtsurkunde wieder, die ihn eine Stange Bakschisch gekostet hatte. Die Hälfte war falsch. Er hatte als Geburtsort Kairo angegeben und als Geburtsdatum den achten statt siebten Juni eingetragen. Ich habe ihn ganz vorsichtig auf den Fehler aufmerksam gemacht, aber er meinte, das sei doch nun wirklich absolut egal. Aber ich war froh, daß er sich überhaupt darum gekümmert hatte, und er besorgte sogar für Fatima einen Reisepaß. Außerdem ist er mit mir durch

Kairo spaziert, um eine neue Brille zu kaufen. Auch besuchten wir einige Verwandte, die ich bis dahin noch nicht kannte.

Ungefähr nach drei Wochen war seine Mission in Kairo beendet und somit unser Besuch. Er sagte, sein Vetter sei wieder gesund, wir könnten nun nach Hause fahren.

Mutterfreuden

In meine Rolle als Mutter habe ich mich schnell eingewöhnt. Fatima war ein sehr lebhaftes Kind, das kaum schlief und später auch nie essen wollte. Aber ich konnte mir das gut erklären: Niemals in meinem Leben war ich solch starken psychischen Belastungen ausgesetzt wie in dem vergangenen Jahr, und ausgerechnet in den neun Monaten der Schwangerschaft habe ich mein Leben von Grund auf geändert und bin aus meinem alten Leben ausgestiegen. Ich konnte kein ruhiges zufriedenes Kind haben.

Die ersten Probleme, die ich nun zu bewältigen hatte, waren die Windeln. Wie sollte ich Windeln waschen, ohne fließendes Wasser zu haben? Wie konnte ich mein Kind sauberhalten? Die Nachbarinnen konnten mir nicht helfen, sie benutzen keine Windeln. Den Kindern wurde einfach mehrere Male am Tage die kleine Galabea gewechselt, wenn sie schmutzig war, und dann im Nil ausgewaschen. Ich wurde mit meinen umständlichen Windeln belächelt, niemand hatte Verständnis dafür.

Eines Tages brachte Amer Babynahrung. Es handelte sich um zwanzig Dosen Trockenmilch. Ich hatte gar keine Verwendung dafür, da ich Fatima ja ausschließlich stillte. Aber trotzdem habe ich es versucht, ich hatte noch eine Babyflasche aus Kairo und bereitete meiner Tochter einen Cocktail.

Da sie aber schon den Schnuller verabscheute, verschmähte sie selbstverständlich auch den Sauger der Flasche, so daß sie niemals diese Milch auch nur probiert hätte. Und während ich ihr wieder die Brust gab und die Flasche vergaß, ließen sich Myriaden von Fliegen auf dieser nieder, so daß ich nie wieder auch nur versucht habe, Fatima die Flasche zu geben. Es wäre aus hygienischen Gründen überhaupt nicht möglich gewesen. Wie hätte ich die Flasche auch ordentlich spülen sollen? Ich hatte kein fließendes Wasser, und heiß machen konnte ich das Wasser auch nur sehr umständlich. Die Frauen aus der Nachbarschaft stürzten sich mit Begeisterung auf die Babynahrung, obwohl sie alle stillten, und den Rest kippte sich meine Schwiegermutter in den Tee, Milch ist Milch.

Obwohl ich trotz der widrigen Umstände immer versuchte, meinem Kind die notwendige Sauberkeit angedeihen zu lassen, erkrankte es doch im Alter von zwei Monaten an einem schlimmen Durchfall. Vielleicht hatte ich es sogar angesteckt, denn meine Ruhr war immer noch nicht ganz abgeklungen. Fatima verlor binnen Stunden fast sämtliche Körperflüssigkeit und verfiel zusehends. Meine Schwiegermutter wollte helfen und brachte ein in Zeitungspapier eingewickeltes Aspirin, das ich dem Kind geben sollte. Ich lehnte dankend ab und rannte mit ihr ins deutsche Krankenhaus. Amer fand meine Besorgnis übertrieben, fast wollte er mich abhalten, einen Arzt aufzusuchen. Denn er meinte, alle Kinder erkrankten irgendwann mal am Durchfall, das sei normal.

Im Krankenhaus machte man ihr eine Darmspülung, verordnete Antibiotika, die ich in Tee auflösen und ihr einflößen mußte. Nach der Behandlung erholte sich Fatima schnell, und ich hatte von da an ein sehr gesundes Kind. Nie hat sie auch nur das kleinste gesundheitliche Problem gehabt. Ich glaube, wenn in diesen Ländern die Kinder und Säuglinge sterben, dann liegt es an dieser Art Erkrankungen, die von den Eltern nicht ernstgenommen werden.

Irgendwann hat Amer ein Kinderbett besorgt, weil ich meinte, das Kind müsse ein eigenes Bett haben. Er zeigte zu Anfang kein Verständnis für meine »verrückte« Idee. Welches Kind hat schon ein eigenes Bett? Alle kleinen Kinder schlafen bei der Mutter. Später, wenn das nächste Kind bei der Mutter im Bett liegt, schläft es halt bei den älteren Geschwistern im Bett. Aber es gab eines Tages eine Lieferung Betten in Assuan, und darunter befand sich auch das Kinderbett, das Amer kaufte. Ich war entsetzt, als ich es sah, es war aus rosa bemaltem Eisen und als Schaukelbett konstruiert. Es hatte messerscharfe Kanten und Schrauben, die sich permanent lösten. Trotzdem sah es, von weitem betrachtet, hübsch aus, und ich wollte Amer nicht mit meiner Kritik vor den Kopf stoßen. Ich versuchte, Fatima ins Bett zu legen und in den Schlaf zu schaukeln, aber dieses Horrorkind wollte nur an meiner Brust liegen und schlafen, daran war sie ja schon gewöhnt. Nach einigen Nächten mit endlosen Schaukelstunden gab ich es schließlich auf und nahm sie wieder zu mir in mein Bett. (Ich habe sie nie wieder aus meinem Bett herausbekommen.)

Amer war als Ehemann sehr aufmerksam, verglichen mit den Ehemännern in der Nachbarschaft. Er hat mir viele Dinge besorgt, von denen er annahm, ich würde sie dringend brauchen. Er sagte zum Beispiel, daß Wöchnerinnen viel Hühnerfleisch essen müßten. Es mag ja sein, daß der Eiweißbedarf höher ist in der Stillzeit, jedenfalls brachte er eines Tages eine Kiste mit ungefähr zwanzig lebenden Hühnern. Die seien alle für mich, verkündete er stolz, ich allein solle sie alle essen. In dieser Zeit kochte ich noch nicht, weil ich noch keinen Ofen hatte und auch noch keine Gelegenheit zum Einkaufen. Die Hühner wurden zu meiner Schwiegermutter gebracht, und nun brachte man mir jeden Mittag ein gekochtes Huhn. Ich habe Hühnerfleisch immer gerne gegessen und mag es auch heute wieder, aber damals, nachdem ich das dritte Huhn verspeist hatte, mochte ich es nicht mehr. Die Hühner waren nur in Wasser gegart, kaum gewürzt. Die Flüssigkeit, in der sie schwammen, konnte man nicht als Suppe oder Brühe bezeichnen. Es gibt viele verschiedene Möglichkeiten, Hühnerfleisch zuzubereiten, aber das wußte man in Amers Familie nicht. Ich bekam auch nicht heraus, wen meine Schwiegermutter damit beauftragte, mir die Hühner zu kochen, gebracht wurden sie mir immer von den Neffen. Nun, ab dem vierten Tag war ich der Hühner dermaßen überdrüssig, daß ich sie einfach nicht mehr sehen konnte. Also habe ich sie aus dem Fenster geworfen, und sofort stürzten sich die freilaufenden Haustiere der Nachbarschaft drauf.

Amer lebte in dieser Zeit in der Moschee, und als er einmal kam, um nach dem Rechten zusehen, bat ich ihn, die Flut der Hühner einzudämmen.

Er schalt mich undankbar: »Manch eine Frau wäre froh, sie hätte einen Ehemann, der sich so um sie kümmert. Wer kann sich so etwas überhaupt leisten?! Und du undankbares Wesen willst keine Hühner mehr essen!!!«

Da er auf meine Bitte nicht eingegangen ist, mußte ich also weiter Nachbars Ziegen damit füttern.

Der Islam

Das tägliche Leben wird im Orient mehr als bei uns von der Religion bestimmt, und ich habe einiges über den Islam gelernt, wenn auch nur oberflächlich.

Als Mohamed im siebenten Jahrhundert den Koran schrieb, war es ein revolutionäres, gutes und zeitgemäßes

Buch. Er lebte in der arabischen Wüste in einem Nomadenvolk, das nach den Gesetzen der Wüste lebte, und diese sind oder waren barbarisch, brutal und menschenfeindlich. Mord und Totschlag waren an der Tagesordnung, und die Frauen wurden gehandelt und behandelt wie Vieh. Die erstgeborenen Mädchen wurden sofort nach der Geburt lebendig vergraben, und wenn eine Frau zu viele Töchter gebar, wurden die nachfolgenden auch getötet. Eine Witwe hatte keine Überlebenschance, war ausgestoßen und vogelfrei. Die Frauen waren auf Gedeih und Verderb den Männern ausgeliefert. So kann man sagen, daß der Koran unter anderem für die Frauen geschrieben wurde. Er empfiehlt, daß sie sich zum eigenen Schutz vor den Männern, um diese nicht zu reizen, bedecken, und zwar von Kopf bis Fuß.

Der Koran räumte den Frauen Rechte ein wie Eigentum und Erbrecht. Die Vielehe wurde gutgeheißen, damit keine Witwe oder keine Frau unversorgt blieb. Die Brüder eines verstorbenen Mannes übernahmen dessen Witwe und Kinder mit in den Haushalt, wo sie geschützt lebten, und niemand durfte mehr die Kinder einer Frau töten. Ernährungs- und Hygienevorschriften wurden mit dem Koran eingeführt, zum Wohle der Wüstenbevölkerung, die fortan nicht mehr von Seuchen und Epidemien heimgesucht wurde. Die Menschen aßen nun kein verdorbenes Schweinefleisch mehr, und durch die häufigen Waschungen vor den Gebeten wurden sie auch nicht mehr von Parasiten befallen. Man sieht, daß zur Entstehungszeit der Koran ein gutes, heiliges Buch war. Aber dann hat sich die Gesellschaft weiterentwickelt, und viele kluge Vorschriften sind irgendwann überholt, wenn sich politisch, soziologisch oder wirtschaftlich im Zusammenleben andere Probleme ergeben. Aber wir Christen halten auch an Riten und Traditionen fest, ohne über deren Sinn und Zweck nachzudenken, und es gibt Gebote und Verbote, die eher zum Schaden als zum Nutzen der Menschheit sind, wie zum Beispiel das Verhütungsverbot in der katholischen Kirche. Meiner persönlichen Meinung nach richten die Kirchen bei uns in Europa aber heutzutage weniger Schaden an, weil die Menschen über Schulbildung verfügen, zum Nachdenken angeregt werden, Kritik üben dürfen und in ihrer Entscheidung frei sind, ob sie den Geboten der Kirche folgen wollen oder nicht.

Anders ist das in der arabischen Welt. Da die wenigsten Menschen über eine solide Schulbildung verfügen, ja oft nicht einmal lesen und schreiben können, sind sie darauf angewiesen, daß man ihnen mündlich mitteilt, was im Koran geschrieben steht. Und das tun die Imams und Mullahs ausgiebig. Die Männer gehen in die Moschee und bekommen gesagt, was der Koran vorschreibt und wie man die einzelnen Suren zu interpretieren hat, wobei jeder Prediger immer seine eigene Meinung oder die der jeweiligen Staatsregierung vertritt. Für den Rest der Bevölkerung, sprich Frauen, gibt es freitags Fernsehübertragungen aus den großen Moscheen. Nie würde jemand das Wort eines Imams in Frage stellen, und alle befolgen, was ihnen aufgetragen wird: sich mehr oder weniger zu verschleiern, mehr oder weniger Almosen zu geben. Selbst wenn sie aufgefordert werden, Jagd auf Andersgläubige zu machen, dann tun sie dies in blindem Gehorsam, denn ihnen wird das Himmelreich versprochen.

Aber trotzdem werden die Gebote je nach Laune befolgt. Sünden in unserem christlichen Sinne gibt es nicht. Der Koran spricht nur Empfehlungen aus. Alkohol wird zum Beispiel gerne und übermäßig getrunken, aber man tut dies immer nur versteckt, offiziell wird nur Tee getrunken, und man entrüstet sich über die Ungläubigen, die Alkohol trinken.

Der Fastenmonat Ramadan wurde eingeführt, um den Körper zu entschlacken und um sich zu besinnen. Aber es wird nie so geschlemmt wie im Monat Ramadan. Tagsüber wird wirklich gefastet, das heißt, man verschläft den ganzen Tag, die gesamte Wirtschaft ruht im Lande, doch sobald die Sonne untergegangen ist, werden die köstlichsten Speisen aufgetragen. Es gibt sogar ganz bestimmte Ramadangerichte. Während der Nacht gibt es drei Mahlzeiten, die letzte morgens vor Sonnenaufgang, dann begibt man sich zu Bett und kann gut bis zum Sonnenuntergang durchhalten. Es gibt während der Nacht viele Veranstaltungen und Volksfeste, es wird einen Monat lang gefeiert.

Die Pilgerreise nach Mekka, die jeder einmal im Leben machen sollte, können sich nur die wenigsten leisten. Viele reiche Leute allerdings fahren mehrmals im Leben dorthin. In Assuan gab es eine zentrale Stelle, wo man sich um eine »billige« Pilgerfahrt bewerben konnte. Hier wurden immer kleine Reisegruppen zusammengestellt, und man mußte jahrelang warten, bis man mitfahren durfte. Jemand, der die Pilgerreise gemachte hatte, durfte sich fortan Hag oder Hadsch nennen, und dies wird dann wie ein Titel dem Namen vorangestellt. Außerdem gab es in den Dörfern den Brauch, sein Haus nach der Pilgerreise zu bemalen: Die Kaaba wurde immer dargestellt, und außerdem wurde ein Flugzeug, ein Schiff, ein Autobus oder eine Lokomotive gemalt, so daß man sofort erkennen kann, daß hier ein heiliger Mann wohnt und wie er gepilgert ist. Ich habe nie eine Frau kennengelernt, die in Mekka war, und ich habe auch keine Frau gekannt, die jemals in die Moschee gegangen wäre. Die Frauen haben absolut das Recht, in die Moschee zu gehen, aber wie soll eine Hausfrau mit mehreren Kindern, einem Haushalt und Haustieren, die zu versorgen sind, fünfmal am Tag in die Moschee gehen, um zu beten? Die Zeit haben nur Männer, weil viele keine Arbeit haben und es zu Hause für sie nichts zu tun gibt. Außerdem ist die Moschee eher ein Gemeinschaftszentrum als ein Ort zum Beten.

Mein Mann hat sich in seiner Freizeit ausschließlich dort aufgehalten. Kurz nach der Geburt unseres Kindes hat er sogar dort übernachtet. Es gab in der Moschee fließendes Wasser zum Duschen, man aß, spielte Karten, rauchte sein Opiumpfeifchen und konnte auch dort schlafen. Ich glaube, alle waren sehr zufrieden, daß es diese Einrichtung gab. Da die Frauen für sich lebten und die Männer ebenfalls unter sich blieben, gab es kaum Konflikte. Die Männer hätten das fröhliche häusliche Leben nur gestört. So hatte also die Moschee wiederum nichts mit dem Glauben zu tun, sondern war ein Aufenthaltsort für die Männer.

Die einzige Frau in meiner Umgebung, die regelmäßig betete, war meine Schwägerin Hagiga. Sie rollte fünfmal am Tag einen Gebetsteppich aus, ganz gleich, wo sie sich gerade befand. Die anderen Frauen taten dies nicht, und es wurde ihnen auch großzügig nachgesehen, denn wie mein Mann mir erklärte, sind Frauen von Natur aus dumme Geschöpfe, und man darf nicht zuviel erwarten.

Eine islamische Frau, so belehrte mich mein Mann, dürfe zum Beispiel *nie* einen Andersgläubigen heiraten. Denn da ja die Frauen von Natur aus dumm und einfältig sind, nehmen sie dann die Religion des Mannes an und sind dann mitsamt ihren Kindern der ewigen Verdammnis preisgegeben. Anders verhält sich dies, wenn ein Moslem eine ungläubige Frau heiratet, wie in unserem Falle. Irgendwann, so sagte er, würde ich dank meines mir angeborenen Intelligenzmangels und seiner männlichen klugen Einflußnahme schon zum Islam übertreten, womit er dann meine Seele gerettet hätte.

Die Kritiklosigkeit der Menschen ihren Traditionen gegenüber spiegelte sich in den Standardantworten wider, die ich auf meine häufig gestellten Fragen bekam:

»Warum soll ich Knoblauch mit den Fingern pellen?«

»So steht es im Koran.«

»Warum muß das Messer, mit dem der Hammel geschlachtet wird, einen Holzgriff haben?«

»So steht es im Koran.«

»Welchen Sinn hat die Beschneidung der Frauen?«

»Weil es so im Koran steht...«

Beschneidung

Die Moslems und auch die Juden kennen den Brauch, kleine Jungen zu beschneiden, indem ihnen die Vorhaut abgeschnitten wird. Als Erklärung fallen mir nur hygienische und folglich gesundheitliche Gründe ein. Als ich im Krankenhaus arbeitete, waren Phimoseoperationen an der Tagesordnung, nämlich immer dann, wenn sich die Vorhaut aus welchen Gründen auch immer verengt hatte und der Geschlechtsverkehr schmerzhaft, wenn nicht gar unmöglich wurde. So geht man heute schon in Europa und in Amerika dazu über, männlichen Säuglingen die Vorhaut gleich nach der Geburt zu entfernen. Das scheint also eine gute und sinnvolle Einrichtung zu sein. Ich habe beschnittene und unbeschnittene Männer gekannt, aber keinen Unterschied bezüglich Qualität oder Quantität in sexueller Aktivität feststellen können. Also bleibt als Begründung nur die Hygiene.

Wenn in Ägypten die Beschneidung eines kleinen Jungen ansteht, dann geht die Mutter mit ihm zum Arzt, der mit Fachkenntnis und unter sterilen Bedingungen den kleinen Eingriff durchführt. Zu Hause wird dann gefeiert mit Tee und Süßigkeiten, Tanz und Musik. Alle Nachbarn strömen zusammen und bewundern den kleinen frischoperierten Penis.

Nun gibt es aber leider auch die Beschneidung der Mädchen, und dies ist ein heikles, dunkles Kapitel. Ich wußte bereits früher davon, und da mein Mann meine Einstellung zu diesem Thema kannte, versprach er mir, bevor wir nach Ägypten gingen, daß dies für ihn unwichtig sei, ich mir also keine Sorgen zu machen brauchte. Wenn wir Töchter haben sollten, würde er sie davor bewahren.

Ich habe herausgefunden, daß die Beschneidung der Mädchen mit dem Islam nichts zu tun hat. Bereits in der Pharaonenzeit kannte man die Beschneidung der Frauen. Außerdem wird sie in fast allen afrikanischen Ländern durchgeführt. Islamische Länder wie die Türkei, Persien oder Pakistan kennen diesen Brauch nicht. Es ist eine uralte afrikanische Sitte, und sogar die Kopten lassen ihre Töchter beschneiden.

Der ägyptische Präsident Sadat, der der westlichen Welt gegenüber sehr aufgeschlossen war und viele »Modernisierungen« durchführte, hat ganz offiziell per Gesetz die Beschneidung der Mädchen verboten. Dies hatte aber fatale Folgen. Die Bevölkerung ließ sich durch dieses Gesetz in keiner Weise von ihren Traditionen abbringen, sondern die Sache rutschte nun ab in die Illegalität. Die Frauen beschneiden ihre Mädchen jetzt selbst zu Hause, mit einem schmutzigen Küchenmesser oder Rasierklingen, und es geschehen die schrecklichsten Dinge. Viele Kinder verbluten oder erleiden schlimme Infektionen, ganz abgesehen von den entsetzlichen Vernarbungen, die die Geburt des ersten Kindes behindern. Sie schneiden ab, was sie »erwischen« können. Die Klitoris vor allen Dingen, und dann möglichst viel von den Schamlippen. Im Sudan wird sogar die Scheide zugenäht. Eine Feier nach der Beschneidung gibt es nicht, denn es darf offiziell ja nicht bekannt werden.

Ich hatte dieses Problem weit von mir geschoben, bis zu dem Zeitpunkt, als meine Tochter geboren wurde und mich eine Nachbarin fragte, wann und von wem ich sie beschneiden lassen wollte. Panik ergriff mich. Ich fragte in der Nachbarschaft ganz vorsichtig herum, um Näheres zu erfahren, aber niemand von den Frauen wollte mir eine vernünftige Antwort geben. Es wurde auf meine Fragen immer fröhlich gelacht und behauptet, es müsse so sein, weil es ja schließlich vom Koran so vorgeschrieben wird. Schließlich befragte ich meinen Mann zu diesem Thema, und er schien vergessen zu haben, was er mir in Deutschland versprochen hatte. Er sagte ebenfalls, irgendwann müßten wir es machen lassen, weil es so im Koran steht. Daraufhin habe ich den Koran Wort für Wort studiert und selbstverständlich keinen einzigen Hinweis hierauf gefunden. Wieder stellte ich Amer zur Rede. Er war sehr erbost über mein frevelhaftes, ungläubiges Verhalten, das Wort Gottes in Frage zu stellen. Nun gab es dieses Wort Gottes aber gar nicht, und ein Wort, das es nicht gibt, kann man nicht anzweifeln. Mein Mann verschloß seine Ohren gegen meine »törichten« Argumente, und ich mußte es anders versuchen. Ich fragte ihn nun nach dem Grund für die Beschneidung. Ich sagte: »Du als gebildeter Mann, der zur Schule gegangen ist, den Koran studiert hat und immer in die Moschee geht und den Imams zuhört, müßtest ja eigentlich nicht nur die Gesetze, sondern auch die Hintergründe kennen.« Daraufhin gab er mir folgende Erklärung: »Es ist so: Frauen sind wie läufige Hündinnen. Eine Frau ist vierzigmal« (er benutzte wirklich das Wort vierzigmal) »sexuell aktiver als ein Mann und kann sich nicht beherrschen. Wenn sie einen Mann sieht, dann läuft sie ihm sofort hinterher. Und um den armen Frauen ihr schlimmes Schicksal zu erleichtern, muß man sie beizeiten beschneiden. Außerdem sind sie so viel ›sauberer‹. Eine unbeschnitte Frau ist ›unrein‹, und wenn wir unsere Tochter nicht beschneiden lassen, werden wir nie einen Ehemann für sie finden.«

Meine Panik wuchs. Jetzt wußte ich, daß ich von meinem Ehemann keinerlei Unterstützung erwarten konnte, im Gegenteil, auch gegen ihn mußte ich in Zukunft zum Wohl meines Kindes kämpfen. Ich ließ Fatima keinen Augenblick mehr allein. Nie gab ich sie auch nur für kurze Zeit in die Obhut einer Nachbarin oder einer Verwandten.

Der Besuch der Eltern

Im Spätherbst erreichte mich ein Brief meiner Eltern, in dem sie ihren Besuch ankündigten. Amer sagte mir, ich solle ihnen schreiben, sie mögen später kommen, es sei noch zu heiß. Aber das ging natürlich nicht. Da beide noch berufstätig waren, hatten sie ihren Urlaub beantragt, und die Flugtickets waren auch schon gekauft.

Plötzlich tauchten bei mir im Haus ganze Heerscharen von Handwerkern auf, die anfingen, ein Badezimmer zu bauen. Eine Toilette wurde installiert, eine Küche angebaut, und nun verstand ich, warum Amer meine Eltern noch nicht zu Besuch haben wollte. Er und seine Familie lebten herrlich und in Freuden vom monatlichen Scheck meiner Eltern. Obwohl er ihnen versprochen hatte, es mir so bequem wie möglich zu machen, hausten wir noch immer unter denselben Umständen wie vor einem Jahr.

Als meine Eltern kamen, traf sie natürlich der Schlag. Sie hätten sich nicht in den kühnsten Träumen ausmalen können, unter welchen Umständen ich hier lebte. Hagiga und Heloah waren schon drei Tage vorher bei mir eingezogen, um das Haus gründlich zu putzen. Aber das half nicht viel. Eine provisorische Toilette hatten wir bereits und auch einen

Wasserhahn, aber das half den Besuchern wenig über ihren Schock hinweg. Außerdem waren sie entsetzt über mein Aussehen. Ich hatte sehr stark abgenommen, das hatten meine Eltern nicht erwartet. Aber man ließ ihnen keine Zeit, ihren Schock zu spüren, denn auch diesmal kam das ganze Dorf angelaufen, um sie zu begrüßen, und ich hatte tagelang das Haus voller Menschen. Ich konnte kaum mit meinen Eltern ein paar Worte wechseln.

Meine Mutter brachte mir wunderschöne Sachen mit, die ich lange Zeit entbehrt hatte: hübsche Kindersachen für Fatima, die sie zum Teil liebevoll selbst gemacht hatte, für mich neue Hosen, Blusen, Pullover. Sie brachte mir Lippenstift, Nagellack und Parfüm mit, und ich bemerkte erst jetzt, wie sehr ich diese schönen Dinge vermißt hatte, und ich schloß sie in gewohnter nubischer Sitte sofort weg, damit sie niemand sah und mir wegnehmen konnte.

Amer war nun oft zu Hause und war der perfekte Gastgeber. Er ließ alles einkaufen, was es an europäischen Lebensmitteln zu kaufen gab. Plötzlich waren Wurst, europäisches Brot und sogar Butter im Haus, damit sich meine Eltern wohlfühlten. Da er die Gewohnheit meines Vaters, gerne mal ein Glas Bier zu trinken, kannte, besorgte er sogar Bier. Und das war gar nicht einfach. In Ägypten wird Alkohol nur in den großen Hotels ausgeschenkt. »Harte Sachen« gab es nur auf dem Schwarzmarkt zu kaufen. Nun schickte Amer ein Taxi zu einem Geschäft, das einem Christen gehörte, um Bier für meinen Vater holen zu lassen. Das Taxi entlud bei uns zu Hause eine Kiste, die aber sorgfältig zugedeckt war, damit niemand auf der Straße sehen konnte, was die Kiste enthielt.

Wir erhielten viele Einladungen. Ich erinnere mich an einen Besuch bei Verwandten von Amer, bei denen wir fürstlich bewirtet wurden. Wir saßen alle in einem Raum, der kein einziges Möbelstück enthielt, nur einen riesigen Teppich, auf dem die Teller und Schüsseln standen. Mein armer Vater war mit seinen sechsundfünfzig Jahren nicht mehr so gelenkig und konnte das Essen nicht genießen, weil ihm das Sitzen zu unbequem war. Man brachte ihm einen Stuhl, aber nun reichte er nicht mehr an die Schüsseln heran.

Amer machte mit uns viele Ausflüge. Wie sehr habe ich das genossen, war doch Amer mit mir *noch nie* zuvor irgendwohin gegangen. Ich nahm meine Eltern nun auch mit ins *Old Katarakt*-Hotel, und Amer erlaubte mir großzügig, dort den Swimmingpool zu benutzen, konnte er doch sicher sein, daß niemand aus unserem Dorf mich dort in meinem Bikini sah.

Bei einem Spaziergang durch den Suk entdeckten meine Eltern einen hübschen kleinen Kindersportwagen, und nun mußte ich Fatima nicht mehr immer tragen. Mein Vater machte endlose Spaziergänge mit ihr und kannte Assuan bald besser als ich. Dieser Kinderwagen war in der ganzen Stadt die absolute Attraktion. Alle stritten sich darum, auch mal schieben zu dürfen. Ich habe mit Erstaunen festgestellt, daß niemand den Kinderwagen geradeaus schieben konnte. Sie fuhren in Schlangenlinien gegen Autos und Laternenpfähle. Ich habe diese Ungeschicktheit versucht zu ergründen und bin zu dem Schluß gekommen, daß man so etwas von Kindesbeinen an lernen muß. Die Leute hier können nicht Roller fahren, nicht Fahrrad fahren, sie haben nie im Leben einen Einkaufswagen geschoben, wie also sollen sie einen Kinderwagen schieben können???

Meine Mutter erkrankte gleich in den ersten Tagen an Durchfall, dem »Pharaonenfluch«, wie er gerne von Ägyptenreisenden genannt wird. Sie nahm die vorsorglich mitgebrachten Medikamente gegen Durchfall ein, die ihren Zustand aber nur verschlechterten, und sie mußte das Bett hüten und konnte oft nicht mit uns gehen.

Eines Nachmittags plante Amer eine Segelfahrt mit uns auf dem Nil. Wir wollten bis zur Insel Sehel zu Hagiga segeln und diese besuchen. Nun wußte Hagiga aber nichts von unserem Vorhaben, und sie war am Vormittag in Assuan zum Einkaufen und wollte anschließend kurz bei uns vorbeischauen. Sie fand das Haus verlassen. Nur meine Mutter lag alleine und elend in ihrem Bett. Sie hatte ausdrücklich darum gebeten, allein gelassen zu werden, damit sie endlich mal ihre Ruhe habe, und nun kam Hagiga und ließ eine Schimpftirade über Amer und mich los. Dazu muß man wissen, daß man in Ägypten niemals einen Kranken alleine läßt. Ein Kranker hat immer die ganze Familie um sich herum, die sich auf und neben seinem Bett niederläßt. Wir Europäer könnten so nie gesund werden, weil wir im Glauben sind, zur Genesung unsere Ruhe haben zu müssen, aber die Menschen in Ägypten werden viel schneller gesund, wenn sie sich im Schoß der Familie behütet fühlen und man sie die Anteilnahme deutlich fühlen läßt. Mich erinnerte das an die Praktiken von Medizinmännern, die nur durch Handauflegen oder nur durch ihre bloße Anwesenheit die Kranken heilen können.

Nun war Hagiga so empört, daß wir meine Mutter in ihrem Elend allein gelassen hatten, aber sie war auch in einer Zwickmühle. Sie konnte nicht lange bleiben, weil sie eine Familie zu versorgen hatte. Meine Mutter allein lassen wollte sie auch nicht, also hat sie meine Mutter mit sanfter Gewalt überredet, mit nach Sehel zu kommen, damit sie sie dort pflege. Meine Mutter, mehr tot als lebendig, fügte sich in ihr Schicksal und fuhr mit Hagiga nach Sehel. Sie muß Höllenqualen gelitten haben, im Taxi, im Boot, durch heißen Wüstensand.

Als Amer, mein Vater und ich am frühen Nachmittag in Hagigas Dorf ankamen, staunten wir nicht schlecht, als meine Mutter uns dort die Tür öffnete. Was war geschehen?

Hagiga hatte unter Aufbringung all ihrer Überredungskunst meine Mutter nach Sehel geschafft, wo diese dann so erschöpft war, daß sie am liebsten gestorben wäre. Hagiga hatte ihr ein Getränk zubereitet, das meine Mutter zuerst nicht trinken wollte, weil es sie ekelte. Aber Hagiga war sehr hartnäckig, und schließlich gab meine Mutter nach, trank es, und zehn Minuten später war sie wieder gesund!!!

Nach kurzer Zeit hatten sich meine Eltern eingewöhnt und fanden es, genau wie ich mittlerweile, eigentlich gar nicht so schlecht in Assuan. Meine Mutter fand nun den Gedanken, in Assuan bei mir zu wohnen, gar nicht so übel: keine engen Schuhe mehr, immer nur in Galabeas, keine Figurprobleme mehr. So kam Amer eines Tages auf die Idee, eine weitere Etage auf unser Haus bauen zu wollen, so daß uns meine Eltern jederzeit besuchen könnten oder vielleicht sogar eines Tages, wenn sie Rentner seien, den ganzen Winter bei uns verbringen könnten. Für die anderen Jahreszeiten hatten sie ja ihr Haus in Spanien! Wir schmiedeten Pläne und waren glücklich.

Als meine Eltern wieder nach Hause fahren mußten, fiel uns der Abschied wieder sehr schwer. Ich sah zum ersten Mal in meinem Leben meinen Vater weinen.

Krankheit und Reise nach Deutschland

In den ersten Wochen des neuen Jahres fühlte ich mich sehr schwach und müde. Sicher, ich hatte eine anstrengende Zeit hinter mir. Auswanderung, Klimawechsel, Krankheit, Schwangerschaft, Geburt eines Kindes, aber ich dachte, es kann ja jetzt nur noch alles besser werden. Ich hatte endlich meine Wohnung soweit eingerichtet, daß ich mich wohlfühlte, schöne Schlafzimmermöbel, eine Küche, Bad und Toilette, aber ich konnte mich an nichts erfreuen. Mir war permanent übel, ich mochte nichts essen, wurde von Tag zu Tag schwächer, kaum daß ich Fatima tragen konnte. Ich hatte starken Haarausfall, und ich wußte, ich mußte dringend einen Arzt aufsuchen. Ich war krank. Sollte ich zu Frau Dr. Schmidt gehen? Wie sollte ich Amer klarmachen, daß ich mich krank fühlte?

Eines Morgens hatte ich hohes Fieber und Schüttelfrost, und ich konnte das Bett nicht mehr verlassen. Das ganze Dorf kam gelaufen, um mir den üblichen Krankenbesuch zu machen, aber niemand fragte, was mir denn fehle oder rief einen Arzt. Sie saßen nur da, unterhielten sich laut und lachend, und ich habe sie alle zum Teufel gewünscht, wollte ich doch meine Ruhe haben. Hätte mir doch wenigstens jemand mal mein Horrorkind, das unentwegt brüllte, abgenommen!

Am nächsten Morgen habe ich mich unter Aufbringung meiner letzten Kraft angezogen und habe mich zum deutschen Krankenhaus geschleppt.

Frau Dr. Schmidt schlug die Hände über dem Kopf zusammen: »Wie sehen Sie denn aus, Sie sind ja ganz gelb!« Sie riß mir Fatima von der Brust und sagte wie ein Feldmarschall: »Das hört mir jetzt aber mal auf.«

Sie rief eine Schwester, die Fatima wegbrachte, und Frau Dr. Schmidt brachte mich in ein schönes sauberes Krankenzimmer, in dem ich ganz alleine lag. Sie erklärte, daß dies das Isolierzimmer sei, denn ich hätte sehr wahrscheinlich eine Gelbsucht, und das sei höchst ansteckend. Mir war alles gleich. Beim Anblick des Bettes ließ ich mich hineinfallen und vergaß alles um mich herum. Nach einer Weile kam Frau Dr. Schmidt zurück, weckte mich und gab mir ein Nachthemd von sich, damit ich es bequemer hatte. Schwestern kamen, die mir Blut abnahmen, Medikamente verabreichten, aber ich nahm alles nur noch wie durch einen Nebel wahr.

Irgendwie muß Frau Dr. Schmidt Amer verständigt haben, denn er kam am Nachmittag und machte sich lustig über diese dumme Ärztin: Sie übertreibe immer so stark. Ich könne doch auch zu Hause gesund werden. Er ging fort und nahm Fatima mit, und im Einschlafen dachte ich nur noch: Hoffentlich tun sie meinem Kind nichts an, hoffentlich beschneiden sie Fatima nicht in meiner Abwesenheit. Später erfuhr ich, daß er seine Nichte Heloah hatte kommen lassen, damit sie sich um Fatima kümmere, er kam mit seinem Kind nicht zurecht. Fatima brüllte ohne Unterlaß, und das war nur verständlich. Sie war nicht nur der mütterlichen Brust beraubt, die ganze Mutter war plötzlich weg, und ich hatte sie noch nie auch nur eine halbe Stunde allein gelassen. Außerdem war sie noch nie längere Zeit mit ihrem Vater zusammen gewesen und kannte ihn kaum.

Die Untersuchungsergebnisse bestätigten, daß ich wirklich an einer Gelbsucht litt. Ich bekam eine Diät verschrieben, die ich nicht essen konnte, so ekelte ich mich vor den Speisen. Bei einer dieser Untersuchungen stellte man mich auf eine Waage, ich wog nur noch 53 Kilo. Kämpfte ich früher gegen jedes Kilo auf meinen Hüften, so beneidete ich jetzt die drallen, kräftigen, rosigen Krankenschwestern, die mit Leichtigkeit mein Bett machten, während ich drin lag.

Nach einer Woche eröffnete mir Frau Dr. Schmidt, daß sie hier in Assuan keine Möglichkeit sähe, mich zu heilen. Erstens hatte sie nicht die richtigen Medikamente, und außerdem müsse ich dringend aus diesem Klima heraus. Ich solle nach Deutschland fahren.

Nun machte Amer sich nicht mehr lustig, er wurde richtig böse. Er glaubte nicht an meine Krankheit, er warf mir vor, ich würde nur Theater machen, weil ich ihn verlassen wolle, und diese Ärztin unterstütze das Ganze auch noch. Aber Frau Dr. Schmidt setzte sich mit meinen Eltern in Verbindung, und gemeinsam erreichten wir dann, daß Amer klein beigab und mir ein Flugticket nach Deutschland besorgte.

Die Reise nach Deutschland war die schlimmste Reise, die ich je in meinem Leben unternahm. Wir fuhren in einem Zug der vierten oder fünften Klasse. Er war total überfüllt, alle Menschen hatten Körbe, Kisten, Tüten und Haustiere bei sich, es stank entsetzlich, Fatima schrie unentwegt während der ganzen Fahrt, und mir war's sterbenselend.

Amer setzte mich am Flughafen ab. Er verabschiedete sich kurz von mir und verschwand. Nun saß ich dort alleine mit einer Tasche und dem Kind, konnte beides kaum tragen und mußte erfahren, daß unser Flug sechs Stunden Verspätung hatte! Ich saß elend lange Stunden in der Wartehalle, Fatima krabbelte unter Tische und Bänke, und irgendwelche freundlichen Menschen brachten sie immer wieder zu mir zurück. Nach kurzer Zeit war sie bereits so schmutzig, daß man sie nicht mehr erkennen konnte, aber ich hatte keine Kraft mehr, ihr auch nur das Gesicht zu waschen.

Das Flugzeug nach Frankfurt war nicht voll besetzt, so daß ich mich hinlegen konnte. Ich lag im Flugzeug und heulte vor Erschöpfung. Ein freundlicher Steward nahm sich meines kleinen Schmutzfinken an, und ich war ihm unendlich dankbar.

Meine Mutter und mein Bruder Thomas warteten seit sechs Stunden am Flughafen in Frankfurt auf mich. Sie müssen bei meinem Anblick entsetzt gewesen sein. Ich war nur noch müde und dankbar, als es endlich nach Hause ging.

Ein befreundeter Arzt meiner Mutter aus ihrer Zeit in der Universitätsklinik erklärte sich bereit, mir zu helfen. Es wäre schwierig und teuer geworden, wenn ich ihn nicht gehabt hätte, hatte ich doch keine Krankenhaus-Versicherung und keine Adresse mehr in Deutschland. So konnte er problemlos ein neues Medikament an mir ausprobieren, dessen Qualitäten bei Lebererkrankungen schon bekannt waren, das aber noch nicht offiziell im Handel war. Aber dieses Medikament wirkte Wunder an mir. Schon nach einigen Tagen fühlte ich mich kräftiger, konnte wieder essen und meine Lebensgeister erwachten wieder.

Wie froh war ich nun, die Familie wiederzusehen, Freunde zu begrüßen, zu sehen, welche Fortschritte die kleinen Neffen im vergangenen Jahr gemacht hatten, und meine kleine Nichte Laura kennenzulernen, die in meiner Abwesenheit geboren war. Ich befand mich jetzt in einer Situation, die ich früher belächelt hatte. Wenn junge Mütter zusammensitzen, vergessen sie alles um sich herum und haben nur noch ein Thema, nämlich ihre Kinder. So erging es mir jetzt auch. Laura war ein Jahr alt, genau wie Fatima, meine Neffen vier und sechs, und wir Schwägerinnen führten endlose Gespräche, die sich nur um die Kinder drehten. Selbst die Großeltern hatten nur noch Augen für die Kleinen. Alle stürzten sich mit Begeisterung auf meine kleine dunkelhäutige Fatima, sie war die absolute Attraktion. Sie war nicht nur exotisch, sie kannte auch viele Dinge nicht, die den anderen Kindern selbstverständlich waren. Fatima hatte in Ägypten überhaupt keine Spielsachen, sie spielte einfach mit allem, was im Hause herumlag. Die Kinderärztin, die ihr nach einer Untersuchung ein Gummibärchen zur Belohnung geben wollte, erntete nur einen fragenden Blick. Fatima konnte mit diesem kleinen bunten, klebrigen Ding nichts anfangen, weil sie es noch nie gesehen hatte.

Amer rief mich regelmäßig an. Schon bei seinem ersten Telefongespräch fragte er, wann ich denn wieder zurückkäme. Da das von den Untersuchungsergebnissen abhing, konnte ich ihm keine befriedigenden Antworten geben, und er wurde zusehends ungeduldiger. Er drang auf meine rasche Rückkehr. Er fühle sich einsam, und er brauche mich.

Brauchte er mich wirklich? Konnte es wirklich sein, daß er mich mochte und mich vermißte, auch wenn er es mir nie gezeigt hatte? Nun zog es mich auch wieder nach Ägypten, und ich versprach Amer, so bald wie möglich zurückzukehren.

Aber drei Monate mußte ich schließlich bis zu meiner Genesung bleiben. Meine Familie sah es als selbstverständlich an, daß ich nicht mehr nach Assuan zurückkehrte. Warum glaubten sie das? Nur weil ich krank geworden war? Und so unglücklich war ich doch gar nicht. Ich hatte mich den neuen Umständen angepaßt und mich eingewöhnt. Ich hatte viele Freunde und Bekannte, Amers Familie hatte mich in ihrem Kreis liebevoll aufgenommen, mein Kind war dort zu Hause, meine Wohnung nahm langsam europäisches Aussehen an, und mein Mann – nun, das Verhältnis zu ihm hätte schlechter sein können. Im Vergleich zu einem deutschen Mann war er ein Despot, der großzügig erlaubte oder Verbote erteilte. Aber verglichen mit einem ägyptischen Mann gestattete er mir doch endlos viele Freiheiten und verteidigte diese auch gegenüber seiner Familie. Vielleicht wäre ein deutscher Ehemann auch nicht besser oder schlechter gewesen.

Als ich ihm am Telefon das Datum meiner Rückreise durchgab, fühlte ich durch den Draht, wie erleichtert er war. Er holte mich in Kairo am Flughafen ab, und ohne langen Aufenthalt fuhren wir mit dem Zug weiter nach Assuan.

Wieder in Ägypten

Ich hatte mich tatsächlich auf ein Wiedersehen mit meinem Mann gefreut und war auch ganz froh, wieder »daheim« zu sein. Aber es war plötzlich alles anders als vorher: Die Begrüßung durch die Familie fiel auffallend kühl aus. Meine Freundinnen ließen sich nicht mehr blicken, obwohl sie alle wußten, daß ich zurück war. Was war geschehen?

Auf meine europäischen Freundinnen war Amer sehr böse, weil niemand von ihnen mich während meines Krankenhausaufenthaltes besucht hatte. Sie hatten Angst gehabt, sich bei mir anzustecken, aber Amer ließ dies als Entschuldigung nicht gelten, er hatte meine Krankheit nie ernstgenommen, und die Gefahr einer Ansteckung hatte er nicht gesehen. Das gleiche galt für seine Familie und die gesamte Nachbarschaft. Niemand war zu mir ins Krankenhaus gekommen. Mir war das gar nicht aufgefallen, denn ich war ja froh, daß ich meine Ruhe hatte. Vielleicht hatte Frau Dr. Schmidt die Besuche verboten? Aber es hatte auf jeden Fall gegen die guten Sitten verstoßen, Amer war empört und hatte nun all diesen Leuten das Haus verboten. Ich war zuerst gar nicht traurig darüber. Meine Haustür blieb jetzt meist geschlossen, und so wurde ich langsam Herr über Fliegen und Mücken. Meine Schwiegermutter und Amers Neffen sowie sein Bruder kamen allerdings nun auch regelmäßig zum Essen, denn seit ich meine Küche hatte, war meine »Schonzeit« vorüber. Ich war die Hausfrau der Familie und versorgte nun eine siebenköpfige Familie, was mir eigentlich auch Spaß machte. Morgens ging ich zum Suk einkaufen, dann kochte ich, versorgte meinen Haushalt, kümmerte mich um meine Tochter. Ich war, abgesehen vom eigenartigen Verhalten Amers, ziemlich zufrieden. Amers Familie kam nur zum Essen und benutzte allerdings auch meine sanitären Einrichtungen. Da die Leute nicht wußten, wie man sich auf einer Toilette benimmt, war ich den größten Teil des Tages damit beschäftigt, ihren Dreck wegzuwischen, um die »Haustiere« fernzuhalten.

Meine Tante Änni hatte mir in Deutschland Geld geschenkt, damit ich mir eine Waschmaschine kaufen konnte. Aber es sollte noch vier Monate dauern, bis diese endlich geliefert wurde ... dann war mein Haushalt komplett.

Es tat mir leid, daß durch Amers Verbot der Kontakt zu meinen Freundinnen nachließ, aber sie verschwanden sowieso eine nach der anderen. Der Mann einer Freundin wurde beruflich nach Kairo versetzt, ebenso der Mann einer anderen, die später zu unserem Kreis gestoßen war. Die Australierin ist nach Australien zu ihrer Familie in den Urlaub gefahren und nie wieder zurückgekehrt.

Ihr Mann tobte und schrie: »Ich fahre nach Australien und bringe sie um, ich werde meine Kinder wieder zurückholen.«

Er fuhr tatsächlich nach Australien, aber er hat niemandem etwas zuleide getan und auch die Kinder bei der Mutter gelassen.

Meine holländische Freundin war den Sommer über bei ihrer Familie in Holland.

Amer sah ich nur noch spätabends. Er hatte neben seiner Lehrerstelle, die ihn nur bis mittags in Anspruch nahm, noch eine Arbeit für abends in einem Getränkeladen angenommen. Auch versicherte er mir, er würde eine weiterführende Schule besuchen, aber ich habe ihn nie lernen oder lesen sehen, es gab bei uns kein einziges Buch ...

Ich hatte in der vergangenen Zeit zwei Hochzeiten im Dorf miterlebt, aber nun stand Roudas Hochzeit an, und ich habe an den Vorbereitungen teilgenommen.

Hochzeit, Ehe, Liebe

Es gibt in Ägypten nicht die Heirat aus Liebe. Vielleicht in den großen Städten, aber in der Gesellschaftschicht, in der ich mich bewegte, wurden die Ehen von den Familien festgelegt. Die Eltern, die Brüder oder andere, meist männliche Verwandte, bestimmen, mit wem eine Tochter verheiratet wird. Es kommt auch vor, daß junge Männer bei den Eltern vorstellig werden und um die Hand einer ihrer Töchter anhalten. Es geht also nie um die Frau als Person, weil man sie mag, sondern in erster Linie geht es um die Familie, in die man einheiratet. Oft werden auch Cousins und Cousinen miteinander verheiratet, damit das Familienvermögen nicht auseinandergerissen wird.

Rouda, die Tochter von Aischa und Hag Abdu, bei dem ich in Kairo nach Fatimas Geburt wohnte, ging noch zur Schule, als ich in Assuan eintraf. Sie mag damals ungefähr dreizehn Jahre alt gewesen sein. Kurze Zeit später tauchte ihr älterer Bruder auf, der in Kuwait arbeitete. Er befahl, daß sie ab sofort nicht mehr zur Schule zu gehen habe, sondern zu Hause bleiben sollte, um der Mutter zu helfen, aber vor allen Dingen, um ihn zu bedienen, solange er im Hause seiner Mutter war. Niemand protestierte dagegen und schon gar nicht Rouda. Sie war nun den ganzen Tag beschäftigt, das Haus in Ordnung zu halten, die Haustiere zu versorgen, zu kochen, zu waschen und so weiter. Ihre Mutter saß unterdessen mit meiner Schwiegermutter vor dem Haus und trank mit ihr Tee.

Ungefähr ein Jahr später tauchte plötzlich ihr Vater, Hag Abdu, auf. Er blieb mehrere Tage, besuchte alle Verwandten. Wir machten gemeinsam mit ihm einen Ausflug zum Staudamm, und ich dachte, er sei auf Urlaub, um seine Erstfrau und die Kinder aus dieser Ehe zu besuchen.

Eines Tages versammelten sich mehrere Männer im Hause seiner Frau, welches meinem genau gegenüber lag. Auch Amer machte sich bereit, dorthin zu gehen, und als ich ihn fragte, was denn da los sei, sagte er mir, daß ein Mann aus dem Dorf Rouda heiraten wolle, und das werde heute besprochen. Die Besprechung dauerte mehrere Stunden. Die Männer wurden fürstlich bewirtet, und endlos viel Tee wurde ihnen serviert. Wir Frauen saßen in der Zeit draußen auf der Straße und warteten gespannt auf den Ausgang der Besprechung. Rouda saß bei uns, und es wurde unentwegt gekichert, gelacht und ausgemalt, wer denn wohl der Heiratskandidat für Rouda sein könne. Rouda war sehr aufgeregt. Nach mehreren Stunden wurde sie hereingerufen, und kurze Zeit später löste sich die Gesellschaft auf. Die Männer verließen das Haus, und wir Frauen stürzten hinein, um den Ausgang der Geschichte zu erfahren. Rouda hatte dem Rat der Familie zugestimmt und war nun stolz, bald eine verheiratete Frau zu sein.

Tatsächlich ist der Status der verheirateten Frau erstrebenswert. Eine Frau gewinnt an Ansehen und Autorität, und man kann sie nicht mehr wie ein Dienstmädchen hin und her schicken. Ich habe einmal einen Streit zwischen der vierundzwanzigjährigen unverheirateten Heloah und der einundzwanzigjährigen verheirateten Fatuma erlebt. Er endete damit, daß Fatuma Heloah anschrie: »Wie kannst du es wagen, in dem Ton mit einer verheirateten Frau zu sprechen!«

Rouda wurde beglückwünscht und neidisch von ihren unverheirateten Freundinnen ausgefragt. Irgendwann in dem Tumult erwischte ich Rouda und fragte sie, wer denn nun der Mann sei, den sie heiraten solle.

Sie sagte: »Ich weiß nicht genau, er ist hier aus dem Dorf, und mein Vater sagt, er sei ein guter Mann.« Sie zeigte aus dem Fenster auf die Gruppe Männer, die immer noch dort stand und sagte: »Ich glaube, es ist der in der blauen Galabea.«

Ich fragte später meinen Mann, was denn passieren würde, wenn ein Mädchen das Heiratsangebot ablehnen würde. Er erklärte mir, daß sie das Recht dazu schon hätte, nur müsse sie dann damit rechnen, daß nie wieder jemand um ihre Hand anhalten würde.

Wenn wir im Abendland beschließen zu heiraten, dann tun wir es meistens, weil wir unseren Ehepartner lieben. Wirtschaftliche Gründe, die auch eine Rolle spielen können, werden nicht erwähnt. Wir heiraten »aus Liebe« und geloben ewige Treue. Aber leider ist es häufig so, daß die Liebe nicht lange anhält, und schon sehr bald stellen sich Probleme zwischen den Ehepartnern ein, die meist emotionaler Natur sind.

Die Menschen im Orient oder in Afrika kennen unsere Probleme nicht. Sie gehen ganz emotions- und illusionslos die Ehe ein, ohne Erwartungen und Ansprüche an den Partner zu stellen. Deshalb können sie auch viel weniger enttäuscht werden. Es zählen nur das Ansehen, der Status und das Vermögen. Für die meisten Frauen ist es dann auch kein Problem, wenn sich der Mann irgendwann eine Zweitfrau nimmt. Manche sind richtig erleichtert, ihren Mann nun los zu sein, andere bangen nur um das Geld, denn sie müssen nun das Vermögen mit der anderen Frau und deren Kindern teilen. Der Koran schreibt vor, daß jede Frau zu gleichen Teilen bedacht werden muß. Ich habe nur eine einzige Frau kennengelernt, die unter der Zweitehe ihres Mannes gelitten hat. Das war Um Ali. Sie kam aus Alexandria und hatte ihren Mann aus Liebe geheiratet und ist mit ihm in den Süden gezogen. Sie verzehrte sich vor Eifersucht. Sie hat die neue Frau nie kennengelernt, aber während meines Aufenthaltes in Kairo habe ich die Zweitfrau von Um Alis Mann einmal gesehen. Um Ali fragte mich später nach der neuen Frau aus und verfluchte sie (nicht etwa ihren Mann).

Roudas Hochzeit habe ich nicht mehr miterlebt. Aber einige andere Hochzeiten habe ich gesehen. Die Frauen bringen normalerweise nichts mit in die Ehe. Was sie aber besitzen, gehört ihnen, niemand hat einen Anspruch darauf. Das sind zumeist Kleider, Stoffe und ein paar Haushaltsgeräte, aber vor allen Dingen gehört ihnen der Schmuck, den sie tragen. Wenn eine Frau ein wenig Geld hat, kauft sie immer sofort Goldschmuck, Armbänder, Ringe, Ohrringe, denn im Falle einer Scheidung muß sie alles zurücklassen, einschließlich der Kinder, die sind Eigentum des Mannes. Sie darf nur behalten, was sie am Körper trägt. Mit in die Ehe bringt sie ihre Jungfräulichkeit, Gebährfähigkeit, Gesundheit und Kraft, den Haushalt zu versorgen. Dicke Frauen gelten als schön und begehrenswert, weil dicke Frauen aus einer wohlhabenden Familie kommen und nach Meinung der Bevölkerung gesünder und kräftiger als dünne sind. Dicke, schmuckbehangene Frauen sind das absolute Statussymbol eines wohlhabenden Mannes. Die Hochzeit wird von den Brauteltern ausgerichtet. Die Männer sorgen meist für Haus oder Wohnung und müssen die Inneneinrichtung kaufen.

Am Tage vor der Hochzeit wird die Braut zurechtgemacht. Es werden zuerst alle Körperhaare entfernt. Arme und Hände werden mit Henna bemalt, auch die Freundinnen bemalen sich mit Henna. Ich habe diese Prozedur aus Neugier auch einmal über mich ergehen lassen. Henna ist eine schwarzbraune, weiche Paste, die mit einer Art Spritze auf die Haut aufgetragen wird. Dabei werden die wunderschönsten Ornamente auf die Innenflächen der Hände und Oberarme und auch auf die Füße gemalt. Wenn die Braut von sehr dunkler Hautfarbe ist, kann man nur die Innenflächen der Hände bemalen. Dann läßt man die Paste eine halbe Stunde lang trocknen, wischt sie ab, und auf der Haut bleiben die schwarzen Ornamente zurück. Es dauert einige Wochen, bis die Hautfärbung langsam verblaßt und dann verschwindet. Meine Schwiegermutter färbte sich sogar ihre weißen Haare mit Henna, die dann allerdings karottenrot wurden. Danach wurde die Braut geschminkt und gekleidet. Wohlhabende Leute brachten die Braut zum Friseur. Die Schminke war immer sehr übertrieben und grell, und oft sahen die Bräute für meinen europäischen Geschmack leicht ordinär aus.

Während die Braut zurechtgemacht wird, unterschreiben der Ehemann und die männlichen Verwandten der Frauen vor dem Scheich, der ins Haus kommt, den Ehevertrag. Die Braut selbst unterschreibt nicht. Frauen sind nicht rechtsfähig, sie können keine gültige Unterschrift leisten.

Als ein Nachbarskind, dessen Vater in Saudi Arabien arbeitete, einmal die schriftliche Einwilligung der Eltern für einen Schulausflug haben mußte, kam die Mutter zu Amer, damit er dieses Papier unterschriebe – er war nicht einmal mit dieser Familie verwandt.

Im Haus, auf der Straße, im Innenhof, wo immer Platz dafür war, wurde nun für die Hochzeitsfeier eine Art Thron gebaut aus Stühlen oder Bänken, die mit Tüchern und Teppichen bedeckt waren. Der Thron war überdacht mit Plastikblumen oder Teppichen, bunten Lämpchen und Girlanden. Die Braut mußte nun auf diesem Thron Platz nehmen und blieb dort die ganze Nacht über bewegungs- und wortlos sitzen. Ja, sie verzog nicht einmal das Gesicht zum Lachen. Hin und wieder kam der Bräutigam und setzte sich daneben. Dann wurden Fotos gemacht. Alle kamen, um das schöne Paar zu bewundern und gaben ihr »Hochzeitgeschenk« ab. Hochzeitsgeschenke, wie wir sie kennen, gibt es nicht. Es wird immer Geld geschenkt. Eine Verwandte sitzt neben der Braut, kassiert das Geld ein und schreibt ganz genau auf, von wem wieviel Geld gegeben worden ist. Denn man ist verpflichtet, bei einer Hochzeit des Gastes denselben Betrag zu geben. Diese Sitte kennt man auch bei der Geburt von Kindern. Als ich mit der frischgeborenen Fatima aus Kairo kam, erschienen tagelang Freunde und Verwandte mit Geldgeschenken. Amer empfahl mir, genau aufzuschreiben, wieviel von wem gegeben wurde, damit wir es bei einer Geburt in dieser Familie wieder zurückgeben konnten.

Tage vor der Hochzeit begann man bereits im Hause der Braut, das Essen vorzubereiten. Nun wurden endlich einmal die meterweise aufgestapelten Küchengeräte benutzt. Es wurden Ziegen, Schafe, Tauben und Hühner geschlachtet, Brot gebacken, Gemüse und Süßspeisen bereitet. Während die Braut auf ihrem Thron saß, wurden die Gäste bewirtet, aber schön der Rangfolge nach: zuerst die Männer der Familien der Brautleute, dann die Männer der weiteren Verwandtschaft und Bekanntschaft. Dann durften die Frauen der Familie der Brautleute essen, meist in anderen Räumen, dann die restlichen Frauen. Die Kinder bekamen, was übrig blieb.

Es wurde dann die ganze Nacht getrommelt, getanzt und gesungen, wobei die Frauen immer für sich alleine tanzten und die Männer auch unter sich blieben. Die Art der Nubierinnen, zu tanzen, war in keiner Weise arabisch, sie war afrikanisch. Sie wackeln beim Tanzen mit dem Hinterteil und mit dem Busen, und wer am besten und schnellsten wackeln kann, ist die beste Tänzerin. Nun gilt aber das Tanzen als Provokation und ist unanständig, und wenn eine Frau tanzt, dann schließen sich die anderen zu einem dichten Kreis um sie herum, damit kein Mann einen Blick auf die Tänzerin werfen kann.

Musik und Tanz liegt diesen Menschen im Blut. Jeder kann die Trommel schlagen, und schon kleine Kinder beherrschen diese Kunst, so daß ich oft ein wenig neidisch war, weil ich absolut nicht in der Lage war, dies auch nur im entferntesten nachzumachen. Am besten beherrschte meine Schwiegermutter diese Kunst. Um zu tanzen war sie zu fett, sie schlug immer nur das »Tamtam«. Aber ihr war auch jeder andere

Gegenstand recht, um Musik zu machen. Selbst wenn sie nur ein Tablett oder einen Kochtopf in der Hand hatte, holte sie aus diesem die erstaunlichsten Töne und Rhythmen hervor.

Die Hochzeitsnacht muß für die armen Mädchen schlimm gewesen sein. Für eine »normale« Jungfrau ist das erste Mal oft nicht schön, aber für diese Frauen, die keine Klitoris und keine Schamlippen haben und oft stark vernarbt sind, muß es die Hölle sein. Am Tag nach der Hochzeitsnacht bleibt die Frau im Bett liegen und empfängt dort Freundinnen und Familienangehörige, die ihr zur überstandenen Hochzeitsnacht gratulieren. Nun wird die Morgengabe herumgezeigt, und es stellt sich heraus, wie reich oder großzügig der neue Ehemann ist.

Erstaunlicherweise, so hat es jedenfalls den Anschein, werden die Mädchen noch in der Hochzeitsnacht schwanger. Bei allen Hochzeiten, die ich miterlebt habe, hat es sofort danach »geklappt«. Ich kann mir das nur so erklären, daß diese Menschen, die viel urwüchsiger leben und nicht vom Streß der westlichen Zivilisation geplagt sind, einfach noch gesünder sind. Oder es liegt daran, daß sie so jung heiraten und junge Mädchen empfängnisbereiter sind als ältere Frauen. Und das ist ein Fluch für die Bevölkerung, den die ägyptische Regierung nicht in den Griff bekommt. Ich errechnete, daß, würden sie durchschnittlich nur fünf Jahre später heiraten, man in hundert Jahren eine ganze Generation Menschen einsparen könnte. Die »Zwei-Kinder-sind-genug-Politik« der Regierung ist aber meiner Meinung nach zum Scheitern verurteilt. Es ist für diese Menschen nach wie vor wichtig, viele Kinder zu haben und vor allen Dingen viele Söhne, damit das Alter gesichert ist. Der Sohn bleibt meist bei den Eltern wohnen und schafft eine gehorsame, fleißige Schwiegertochter ins Haus, die sich bei Krankheit und Alter der Eltern um sie kümmert. Solange der Staat nicht für ein funktionierendes Rentensystem sorgen kann, werden die Ägypter immer viele Kinder haben. Und die Landbevölkerung braucht Kinder als billige Arbeitskräfte.

Ein Eheleben, wie wir es kennen, gibt es in dieser Gesellschaft nicht. Die Männer kommen, wenn überhaupt, nur zum Essen und Schlafen nach Hause und kümmern sich um häusliche Dinge in keiner Weise. Entsprechend trist oder wenig reizvoll sind auch die »ehelichen Verpflichtungen«. Die Leute in Assuan waren in keiner Weise prüde in unserem westlichen Sinne. Es wurden unter den Frauen oft und gerne – und unter großem Gelächter – die Vor- und Nachteile ihrer Ehemänner diskutiert. Aber man bemerkte bei den Gesprächen auch, daß sie keine Ahnung davon hatten, daß Sex auch Spaß machen kann. Woher sollten sie es auch wissen? Lesen können sie oft nicht. Die Fernsehprogramme sind sehr fromm, ausländische Filme werden gekürzt und zensiert. Was die Männer in den Städten mit anderen Frauen treiben, darüber sprechen sie selbstverständlich zu Hause nicht. Dadurch, daß die Ehepartner sich vor der Hochzeit oft gar nicht kennen, ist auch der Reiz der erotischen Anziehung, zu der man ja wenigstens ein wenig verliebt sein sollte, nicht gegeben.

Viel toleranter zeigten sie sich gegenüber der körperlichen Liebe zwischen Männern. Da die Frauen tabu sind, ist dies oft die einzige Lösung für die unverheirateten Männer. Amer erzählte mir einmal, daß er sich als Jugendlicher sein Taschengeld mit Prostitution aufgebessert hat, und alle fanden es normal.

In meinem eigenen Haus habe ich einmal folgendes miterlebt: Amer kam mit zwei homosexuellen Amerikanern nach Hause. Sie hatten ein Boot angeheuert und wollten eine Nilfahrt unternehmen. Sie warteten in meinem Hause auf das

Eintreffen eines kleinen Jungen, den sie mitnehmen wollten. Sie hatten ihn mit neuen Kleidern ausstaffiert und der Mutter einen großzügigen Geldbetrag gegeben. Der Junge war noch viel zu klein, als daß er als Bootsführer hätte dienen können. Auf meine entrüstete Frage an Amer, warum er nicht verhindert hätte, daß das Kind mitfuhr, entgegnete er verständnislos: »Warum denn, sie bezahlen doch dafür, und außerdem, was ist schon dabei, das machen doch alle.«

Bei der körperlichen Liebe zwischen Mann und Frau entgehen den Menschen in Ägypten noch mehr Dinge: Der Busen der Frau gilt hier absolut nicht als Geschlechtsmerkmal. Da die Frauen, wo sie gehen und stehen, ihre Kinder stillen, also fast ständig mit entblößtem Busen umherlaufen, ist jedem dieser Anblick vertraut, und die weibliche Brust erregt einen Mann nicht mehr als die Euter einer Ziege. Außerdem küssen sich die Menschen nicht auf den Mund. Das kennt man nicht. Man küßt sich zur Begrüßung auf die Wange, auch Männer tun das, aber als Liebesbezeugung zwischen zwei Menschen kennt man das nicht.

Rückkehr nach Deutschland

Amer stritt sich nun sehr häufig mit seiner Mutter. Wenn die beiden sich sahen, gab es nur Zank und Streit. Auch schimpfte er pausenlos mit seinen Neffen. Die Situation war sehr unangenehm für mich, da ich aus einer Familie komme, in der nie laut gestritten wurde. Außerdem verstand ich nicht, worum es bei den Streitereien ging, denn sie sprachen nur nubisch miteinander. Amer weigerte sich, mir zu sagen, welcher Art seine Familienstreitigkeiten waren. Er sagte, es ginge mich nichts an, ich solle mich um meine Angelegenheiten kümmern. Ich versuchte, ihm klarzumachen, daß ich ihm als seine Frau und Lebensgefährtin vielleicht helfen könne, und wenn schon nicht helfen, so doch einfach zuhören. Aber er blieb verschlossen, und seinen allgemeinen Unmut bekam auch ich hin und wieder zu spüren. Er sprach nur noch das Nötigste im Befehlston mit mir. Ich versuchte zu ergründen, was denn los sei. Ging es immer noch darum, daß mich niemand im Krankenhaus besucht hatte? Ging es darum, daß er allen Nachbarn das Haus verboten hatte? Ging es um seinen Bruder, der nun nach Beendigung seines Militärdienstes bei uns wohnte, sich durchfüttern ließ, aber nicht arbeiten wollte? Ging es um Geld?

Ich fühlte mich manchmal einsam und freute mich, als Amer eines Tages ein junges Paar mit nach Hause brachte. Uli, ein deutsches Mädchen, hatte einen jungen Kopten aus Assuan geheiratet, und seit kurzem lebten sie hier in Assuan.

Die Kopten, eine christliche Minderheit in Ägypten, haben ungefähr den Status, den bei uns früher die Juden hatten. Sie sind eine Minderheit und nicht gut gelitten. Sie schicken ihre Kinder zur Schule, sind oftmals gebildeter und beruflich erfolgreicher als der Rest der Bevölkerung. Viele der wohlhabenden Geschäftsleute sind Kopten. Die Kopten stehen nicht offen zu ihrem Glauben, weil sie in der moslemischen Gesellschaft leben müssen und oft Repressalien ausgesetzt sind. Trotzdem merkt man meist an den Namen, daß sie keine Moslems sind: Yussuf (Josef), Samir (Samuel). Die Kopten sind auch die einzigen Geschäftsleute, die mit Alkohol und Schweinefleisch handeln dürfen, und die moslemische Bevölkerung kauft bei ihnen ihren »Stoff«, aber immer nur bei Nacht und Nebel, damit sie nicht gesehen wird. Als ich erfuhr, daß auch die Kopten ihre Töchter beschneiden lassen, war dies für mich die endgültige Bestätigung, daß dieses Ritual mit dem islamischen Glauben nichts zu tun hat.

Fatima war für mich eine wahre Freude. Sie entwickelte sich zu einem sehr lebhaften, aufgeweckten Prachtkind. Und ich war stolz auf sie. Während die anderen Kinder in ihrem Alter immer noch herumgetragen wurden und an Mutters Brust hingen, lief sie durch die Wohnung und nichts war vor ihr sicher. Sie aß alleine und begann zu sprechen. Leider weigerte sie sich, deutsch zu sprechen. Ich sprach mit ihr ausschließlich deutsch, weil das ihre »Muttersprache« war. Aber da alle anderen Menschen um sie herum arabisch sprachen, verstand sie beides, und arabisch war wohl einfacher für sie nachzuplappern. So unterhielten wir uns zweisprachig. Das klappte auch ganz gut bis zu dem Tag, als wir nach Deutschland kamen. Sie verstand alle Leute, die mit ihr sprachen, und da sie gewohnt war, daß man sie verstand, wenn sie sprach, redete sie nun auch mit ihren Cousins und Großeltern arabisch, was dann nicht mehr klappte. Aber das Problem löste sie innerhalb von ein oder zwei Wochen, dann konnte sie plötzlich deutsch sprechen.

Mein Verhältnis zu Amer verschlechterte sich. Wir sprachen kaum noch miteinander, und ich war vielfach das Ziel seiner Aggressionen. Ich bemerkte, daß er oft nahe davor war, mich zu schlagen, wenn ihm irgend etwas nicht paßte, aber er hatte sich doch immer in der Gewalt. Ich hätte auch gnadenlos zurückgeschlagen. Meine Schwiegermutter ging mir ziemlich auf die Nerven. Sie ging nur noch zum Schlafen nach Hause. Schon morgens früh kam sie zum Frühstück, ging ins Bad, ließ sich von mir den Rücken schrubben, fischte aus dem Essen nur die Fleischbrocken heraus, wälzte sich vor den Fernseher und ließ sich von mir endlos viele Tassen Tee bereiten. Oft empfing sie auch ihre Freundinnen in meinem Wohnzimmer, und ich kochte nur noch Tee für die alten schwarzgekleideten Frauen.

Irgendwann kam Amer wieder mißmutig nach Hause, und

nach einem heftigen Streit mit seiner Mutter sagte er zu mir, wenn er die Möglichkeit hätte, würde er sofort wieder nach Deutschland zurückgehen. Damals, als wir nach Ägypten gingen, sagte er, er wolle *nie wieder* nach Deutschland zurück. Ich teilte seinen Wunsch nun meinen Eltern mit, und sie ließen mich wissen, daß sich die Arbeitsmarktsituation in Deutschland etwas gebessert hätte. Mein Vater sah eine Möglichkeit, Amer in der Firma, in der er arbeitete, unterzubringen.

Eines Tages bekam Amer seine Einberufung zum Militär. Er war entsetzt und in Panik. War er nicht vom Militärdienst befreit, solange sein Bruder Soldat war? Zudem konnte er nicht eingezogen werden, da kein Vater da war und er das Familienoberhaupt war. Er war zu dem Zeitpunkt dreißig Jahre alt, und nach dem Gesetz hätte er überhaupt nicht mehr eingezogen werden können. Aber man hatte das Gesetz geändert und die Grenze auf einunddreißig heraufgesetzt. Durch seine Arbeit als Lehrer und seinen Zusatzjob waren wir fast soweit, daß wir auf die finanzielle Unterstützung meiner Eltern hätten verzichten können, aber wenn er jetzt einberufen worden wäre, wären beide Gehälter weggefallen, und beim Militär hätte er nur ein Taschengeld bekommen. Und sein Bruder saß nach wie vor im Sand und wollte nicht arbeiten. Wovon hätten wir leben sollen?

Nun wurde Amers Idee, nach Deutschland zu reisen, in die Wirklichkeit umgesetzt. Einerseits schmerzte es mich. Endlich hatte ich mich eingelebt, sprach arabisch, hatte fast alle Bequemlichkeiten, die mir vorher fehlten, und nun wollte er wieder nach Deutschland zurück? Alles zurücklassen? Andererseits gefiel mir auch der Gedanke, wieder in Deutschland zu leben, war ich doch in den letzten Monaten alles andere als glücklich mit ihm und seiner Familie und ohne meine Freundinnen.

Wir reisten überstürzt ab. Mehr als zwei Koffer konnte ich nicht packen. Wir schickten Amers persönliche Papiere mit der Post nach Deutschland, damit wir sie bei der Grenzkontrolle nicht bei uns hatten. Er besorgte sich (woher??) einen falschen Paß, weil er mit seinem nicht mehr ausreisen durfte, er war fahnenflüchtig. Durch die Paßkontrolle gingen wir getrennt, damit wir nicht als Familie erkannt würden, und niemand hielt ihn auf.

Wieder in Deutschland

Widdersdorf

Als wir am Heiligen Abend bei meinen Eltern in Köln ankamen, war dies für sie das schönste Weihnachtsgeschenk. Zwar hatten sie ihre Flüge stornieren müssen – sie wollten uns Weihnachten in Assuan besuchen, aber sie waren froh, uns in Deutschland zu haben.

Mein Vater hielt sein Versprechen, Amer in seiner Firma eine Arbeit zu verschaffen. Er konnte im Magazin arbeiten, wo vorerst für den Job keine Deutschkenntnisse nötig waren. Aber Amer war sehr sprachbegabt, und so schnell, wie ich damals Arabisch lernte, lernte er nun Deutsch. Wir hatten bis jetzt immer nur Englisch miteinander gesprochen.

Meine Eltern hatten eine hübsche Wohnung, die aber für zusätzliche drei Personen zu klein war. Wir griffen die Idee meiner Mutter, zusammenzubleiben und eine größere Wohnung oder gar ein Haus zu mieten, mit Begeisterung auf. Zwar meldeten sich in meinem Unterbewußtsein Bedenken. War es gut, daß mehrere Generationen unter einem Dach wohnten? Kam der Ausspruch »Man sollte, um Eltern und Schwiegereltern zu besuchen, Hut und Mantel anziehen müssen« nicht von meiner Mutter selbst? Ich lebte schon seit meinem neunzehnten Lebensjahr nicht mehr bei meinen Eltern. Würde es gutgehen? Andererseits fand Amer es selbstverständlich, mit den Schwiegereltern unter einem Dach zu wohnen, in Ägypten ist dies normal. Hatte ich nicht auch die besten Eltern? Wer verstand sich schon so gut mit seinen Eltern wie ich? Meine Mutter war begeistert von der Idee, endlich mit mir zusammen zu sein, nachdem ich so lange weg gewesen war, und schließlich ließ ich mich von der Freude anstecken, und wir machten uns auf Wohnungssuche. Sehr bald fanden wir einen Bungalow am Stadtrand von Köln, in Widdersdorf, der über eine zu einer Wohnung umgebauten Kelleretage verfügte, die wir für ideal befanden.

Aber schon bevor wir umzogen, kamen die ersten Mißverständnisse auf. Am Rosenmontag, der in Köln mit den großen berühmten Karnevalsumzügen gefeiert wird, wollten wir natürlich alle losziehen, um zuzuschauen. Amer gefiel dieses Spektakel auch ausnehmend gut. Er hatte es bei seinem ersten Deutschlandaufenthalt kennengelernt und wollte nun unbedingt in die Stadt. Meine Geschwister, Schwägerinnen und Eltern beschlossen allerdings, in einen der Vororte zu gehen, da dort die Umzüge kleiner und kürzer sind und dies für die vier Kleinkinder und auch für uns weniger anstrengend sei. Ich machte Amer den Vorschlag, er solle, wenn er wolle, alleine in die Stadt gehen, um den Rosenmontagszug anzuschauen, das wäre für ihn vielleicht interessanter.

Er zog kommentarlos von dannen, und wir schauten uns mit den Kindern einen der kleineren Umzüge an und waren auch nach kurzer Zeit wieder zu Hause. Amer kam am späten Abend zurück. Ihm war schlecht, er ließ sich auf den Boden fallen und wand sich vor Schmerzen. Ich wollte einen Arzt rufen, da ich nicht herausfinden konnte, was ihm fehlte. Aber da konnte er plötzlich wieder aufstehen. Er warf mir vor: »Du bist schuld, daß es mir schlechtgeht. Du hast mich weggeschickt, damit du mit deiner Familie allein den Karnevalsumzug anschauen konntest, und deine Familie ist genauso schlecht wie du. Ihr seid ja alle froh gewesen, mich los zu sein.«

Ich war wie vor den Kopf geschlagen. Ich hatte diesen Vorschlag doch nur gemacht, damit er sich dieses einmalige Spektakel nicht entgehen lassen sollte, und nun warf er mir diesen Unsinn vor! Ich verstand ihn überhaupt nicht und fegte die Vorwürfe beiseite, indem ich mir sagte, er habe mich einfach mißverstanden. Wenn er mal besser deutsch spricht, wird das schon nicht mehr passieren...

An unserem neuen Haus waren noch vor unserem Einzug einige Renovierungsarbeiten durchzuführen. An den Feierabenden und an den Wochenenden zog mein Vater mit seinem Werkzeug los, um alles für den Einzug vorzubereiten. Selbstverständlich sollte Amer ihm zur Hand gehen, es ging ja schließlich auch um sein neues Zuhause. Er ließ sich oft mehrmals bitten und ging nur unwillig mit. Er war meinem Vater eher eine Last als eine Hilfe. Amer wollte lieber das Wochenende im Bett verbringen. Sicher, irgendwie konnte ich verstehen, daß er müde war. Konnte ich mich doch nur zu gut an meine ersten Wochen in Assuan erinnern. Er mußte jetzt jeden Tag acht Stunden, unterbrochen nur von einer halben Stunde Mittagspause, arbeiten, wobei er von der Stechuhr kontrolliert wurde. Die Arbeitsweise und das Arbeitstempo in Deutschland waren ihm absolut fremd, so daß er des öfteren von seinem Vorgesetzten ermahnt werden mußte: »Jetzt mach aber mal voran, du kannst dich nicht jede halbe Stunde hinsetzen und ausruhen!«

Ernstlich gefährdet war seine Arbeitsstelle jedoch nicht, denn er genoß den Schutz meines Vaters, der in einem der Büros saß und eine nicht unwichtige Position innehatte. Aber Amer paßte sich schnell an und wurde bald im Kollegenkreis aufgenommen. Aber zu Hause wollte er dann keinen Finger mehr krümmen und nur im Bett bleiben. Und überhaupt, es kam ihm wie eine Zumutung vor, die Wohnung zu renovieren, das war doch in Ägypten Frauenarbeit. Wieso saß ich mit meiner Mutter zu Hause, während die beiden Männer, die den ganzen Tag über arbeiteten, auch noch das Haus anstreichen sollten?!

Der Tag des Umzugs nahte. Wir bezogen die geräumige Souterrainwohnung. Meine Eltern richteten sich in der oberen Etage ein. Wir hatten ein riesiges Wohnzimmer, zwei kleinere Zimmer und ein hübsches kleines Badezimmer. Die Küche war oben, wir teilten sie mit den Eltern.

Wir wohnten nun etwas außerhalb von Köln in einem eingemeindeten Dorf. Die Kölner Südstadt, wo unsere Männer arbeiteten, war sehr schwierig mit den öffentlichen Verkehrsmitteln zu erreichen, und weder mein Vater noch Amer konnten Auto fahren. Amer hatte mir zwar vor unserer Eheschließung etwas von seinem hübschen Auto in Assuan erzählt, aber das war gelogen, er hatte nicht einmal einen Führerschein. Und so fuhr meine Mutter die beiden jeden Morgen zur Firma und holte sie abends wieder ab.

Tagsüber genossen meine Mutter und ich nun unser Hausfrauendasein, wir kümmerten uns um unsere Haushalte, kauften gemeinsam ein, und meine Mutter richtete zumeist das Essen, da meine Kochkünste immer noch etwas beschränkt waren. Bevor ich heiratete, konnte ich außer Spaghetti kein Gericht auf den Tisch bringen, und nun hatte ich in Assuan bei meiner Schwägerin kochen gelernt, aber das war meinen Eltern zu fremd, zu nubisch, das schmeckte ihnen nicht.

Gleich in den ersten Tagen kam es zu einem unangenehmen Zwischenfall. Amer hielt sich auf der Terrasse meiner Eltern auf, um die spärliche Wintersonne zu genießen. Meine Mutter machte ihn darauf aufmerksam, daß seine Wohnung unten sei und dies die Wohnung meiner Eltern. Amer verließ wort- und kommentarlos die Wohnung meiner Eltern und legte sich ins Bett. Er blieb schweigsam und mißmutig, sprach aber nicht über seine Probleme und zeigte seinen Unwillen unter anderem dadurch, daß er bei unseren gemeinsamen Mahlzeiten nichts mehr aß. Demonstrativ ließ er seinen Teller stehen und aß nur Brot, und in kürzester Zeit nahm er sehr stark ab. In der Firma wollte er auch nicht essen, weil er dem Kantinenkoch vorwarf, in allen Gerichten Schweinefleisch zu verwenden. Ich weiß mit Sicherheit, daß dies nicht der Fall war, denn für die vielen türkischen Mitarbeiter wurden spezielle Menüs angeboten, damit sie nicht Gefahr liefen, Schweinefleisch zu essen. Ich versuchte, ihm seine Bedenken zu nehmen, aber er blieb mißtrauisch gegen alle, und vielleicht war das auch der Grund, warum er bei uns zu Hause nichts mehr aß. Mir hat das Essen in Assuan auch zu Anfang nicht geschmeckt, und im Vergleich zu den vielen Hühnern, die ich essen sollte, bekam er bei uns die vorzüglichsten Speisen vorgesetzt.

Trotzdem beschloß ich, ihm das Leben angenehmer zu machen, indem ich ab sofort für ihn extra kochte. Ich ging in türkische und arabische Lebensmittelgeschäfte zum Einkaufen, versuchte alles so zu machen, wie wir es von Ägypten aus gewohnt waren. Ich servierte ihm sein Essen nun unten in unserem Wohnzimmer, damit es zu keinen unangenehmen Auseinandersetzungen mit meinen Eltern kommen konnte. Ich setzte mich damit der Kritik und dem Unverständnis meiner Mutter aus, die mir vorwarf, viel zu nachgiebig zu sein.

»Soll er sich doch anpassen, mußtest du dich in Assuan nicht auch an alle widrigen Umstände gewöhnen und essen, was auf den Tisch kam?«

Natürlich, sie hatte ja recht, aber ich wollte auch keinen Ärger heraufbeschwören.

Für mich war die Situation äußerst belastend und unangenehm. Einerseits wollte ich es Amer so angenehm wie möglich machen, da ich mir vorstellen konnte, wie unwohl er sich fühlte, aber mein Mitgefühl schwand jeden Tag mehr, je länger sein Schmollen dauerte. Meine Eltern, die mir mein nachgiebiges Verhalten ihm gegenüber vorwarfen, standen auf der anderen Seite. Was sollte ich tun? Wie konnte ich es allen recht machen? Ich saß zwischen allen Stühlen, die es gab. Und Amers Benehmen wurde immer schlimmer. Er ging jetzt oft an Wochenenden oder am Abend weg, ohne mir zu sagen wohin. Ich konnte es mir nicht erklären und war mir auch keiner Schuld bewußt, aber in Amer muß eine unbändige Wut gebrodelt haben. Eines Tages kam sie zum Ausbruch.

Er kam am Abend von der Arbeit und fragte mich: »Was bekomme ich heute zu essen?«

»Nun, nichts Besonderes, das Übliche«, war meine Antwort.

Amer sprang wutentbrannt auf, rannte die Treppe hinauf in die Küche, wo sich mein Vater aufhielt, und er beschwerte sich bei ihm über seine ungehorsame, ungezogene, freche Tochter, die es wagte, ihm »nichts Besonderes« vorzusetzen.

Nun ist mein Vater zwar eher ein ruhiger, geduldiger Mensch, aber das war nun auch für ihn zu viel, und er schrie Amer an.

»Ich bekomme häufig auch von meiner Frau nur eine einfache Linsensuppe vorgesetzt, und deine Frau hat den ganzen Tag in der Küche gestanden und für dich gekocht. Schau mal, hier hast du für dich ganz alleine Hühnerfleisch, Reis, Kartoffeln, Gemüse, Salat, was willst du noch alles?!«

Er warf Amer den Rest des Salatkopfes zu, den der aber nicht auffing, sondern fallen ließ.

Solche Vorfälle wiederholten sich nun tagtäglich, so daß ich das Leben in diesem Hause fast unerträglich fand. Warum war unser Verhältnis so gespannt? Lag es an Amers Verhalten? Waren meine Eltern gereizt? War ich schuld?

Nun fing Amer auch noch an, fünfmal am Tag zu beten. Ich hatte ihn in Assuan nie beten gesehen, aber jetzt hielt er es für nötig. Fatima hatte dies bei ihm nie zuvor gesehen und turnte und tanzte um ihn herum und imitierte seine Bewegungen. Dies war für ihn nun wiederum der Anlaß, mir vorzuwerfen, das Kind sei schlecht erzogen. Es würde seinen gläubigen Vater nicht genug respektieren (Fatima war zu diesem Zeitpunkt noch keine zwei Jahre alt!), und ich war natürlich an allem schuld.

Jetzt mußte ich das Kind vor dem Vater in Schach halten, damit dieser sich nicht gestört fühlte. Dann fiel mir auf, daß Fatimas Lebhaftigkeit auch für meine Eltern ungewohnt war. Um ihre Nerven stand es nicht zum besten. Verdammt, was sollte ich tun?

Irgendwann sagte meine Mutter, Amer vergifte unsere gute Atmosphäre in der Familie, und es wäre eigentlich besser, wenn er ginge. Leider mußte ich ihr recht geben: Wir wohnten im Hause meiner Eltern, es war ihr Haus, und außerdem kamen sie noch größtenteils finanziell für uns auf, solange Amers Gehalt noch nicht für alle unsere Bedürfnisse reichte. Ich bin mit meinen Eltern immer gut ausgekommen. Der Störenfried war eindeutig Amer. Er wollte oder konnte sich nicht anpassen, alles was ich machte, war in seinen Augen falsch, er war mit nichts zufrieden und zeigte meinen Eltern unmißverständlich, daß er sie nicht mochte.

Eines Sonntagmorgens im Mai nahm ich meinen ganzen Mut zusammen, nachdem er wieder tausend Beanstandungen hatte. Ich sagte ihm: »Wenn hier alles so schlimm für dich ist, warum gehst du dann nicht weg? Such dir jemanden, der alles richtig macht. So können wir hier nicht weiterleben.«

Ich befürchtete einen seiner bereits gut bekannten Wutausbrüche, aber er erstaunte mich aufs neue, indem er wortlos einen Koffer packte und verschwand. Er drehte sich nicht einmal zu seiner Tochter um, die hinter ihm herlief und mit »spazierengehen« wollte.

Meine Eltern waren hocherfreut über seinen Abgang, und meine Mutter lobte mich, daß ich endlich einmal Charakter gezeigt und ihm bewiesen hätte, wo es lang ging. Ich hätte froh sein sollen, daß er weg war, aber ich fühlte mich gar nicht wohl in meiner Haut. Wo war er hingegangen? Er kannte doch kaum jemanden. Oder hatte er Freunde oder Bekannte? Er war viel unterwegs, ohne daß ich wußte, wo. Warum hat er nicht protestiert? Es paßte gar nicht zu ihm, daß er sich von mir rauswerfen ließ. Oder hatte er nur auf diese Gelegenheit gewartet? Ich wurde unruhig und machte mir Sorgen um ihn.

Aber viel Zeit zum Grübeln blieb mir nicht. Meine Schwägerin Brigitte hatte eine Arbeit gefunden und brachte uns frühmorgens ihre Tochter Laura, die nun tagsüber immer bei uns war. Fatima und Laura hatten eine schöne Zeit miteinander. Sie waren wie Geschwister, sie lernten voneinander, spielten und zankten, und ich war ganz schön beschäftigt, mit Unterstützung der Oma die Rasselbande zu beaufsichtigen. Von meinem Vater wußte ich, daß Amer regelmäßig zur Arbeit erschien, aber wo er wohnte, das konnte auch er nicht herausbekommen.

Nach ein paar Wochen rief Amer eines Tages an. Es war eine Sache wegen der Krankenkasse zu regeln. Wir trafen uns in einem Café in der Innenstadt. Amer war sehr zugänglich und freundlich. Er erzählte, daß er nach seinem Weggang die ersten paar Tage in der Jugendherberge gewohnt habe und nun bei »Freunden« sei. Wir unterhielten uns ruhig und sachlich über unsere Situation und kamen überein, daß wir es noch einmal miteinander versuchen sollten. Aber wir waren uns auch klar darüber, daß wir mit meinen Eltern nicht weiter zusammenwohnen konnten. Also blieb als Lösung nur, uns eine eigene Wohnung zu suchen. Ich bat ihn, wieder nach Hause zu kommen, damit wir uns dann gemeinsam eine eigene Wohnung suchen konnten.

Es fiel mir unendlich schwer, meinen Eltern diesen Entschluß mitzuteilen. Ich hatte ihnen gegenüber ein schlechtes Gewissen. Wußte ich doch, was Amer ihnen angetan hatte. Er war an dem ganzen Dilemma schuld. Und was hatten sie nicht alles getan für uns? Sie hatten so eine schöne Wohnung in der Stadtmitte und lebten nun am Stadtrand in einem Haus, das viel zu groß für sie alleine war. Sie hatten keine Kosten und Mühen gescheut, um uns unseren Start in Deutschland zu erleichtern, und nun mußte ich ihnen mitteilen, daß wir ausziehen wollten.

Selbstverständlich brachten sie mir wenig Verständnis entgegen. Ich hatte mich, ihrer Meinung nach, von Amer wieder »einwickeln« lassen. Aber ich wollte meiner Ehe noch einmal eine Chance geben. Er war ja schließlich mein Mann und der Vater meines Kindes. Warum sollte es nicht endlich klappen, wenn wir alleine waren, ohne seine Familie, ohne meine Familie, nur wir ganz alleine?

Es war nicht leicht, eine Wohnung zu finden. Amer verdiente nicht mehr als zweitausend Mark, und so mußte die Wohnung preiswert sein. Immer wieder stießen wir auf Vermieter, die keine Kinder in ihrer Wohnung haben wollten, aber viel öfter hörten wir das Argument: »Wir vermieten nicht an Ausländer.« Nun erfuhr ich am eigenen Leibe, was es heißt, zu einer »sozialen Randgruppe« zu gehören. Als ich vor ein paar Jahren meine letzte Wohnung gesucht hatte, konnte ich noch auswählen, so viele Angebote gab es für mich. Ich war damals eine alleinstehende Frau mit gutem Einkommen. Und nun mußte ich klinkenputzen und katzbuckeln und wurde wie der letzte Dreck behandelt, nur weil ich ein Kind hatte und mein Mann ein Farbiger war.

Schließlich fanden wir aber doch noch eine Wohnung in der Goltsteinstraße im Kölner Süden, ganz in der Nähe von Amers Arbeitsplatz.

Goltsteinstraße

Beim Umzug half uns – verständlicherweise – niemand. Wir hatten nicht viele Möbel, alles gehörte meinen Eltern. Ich mietete einen kleinen Lastwagen, um die paar Kisten und Koffer, die wir hatten, zu transportieren. Mein Herz war wieder schwer beim Abschied. Meine Eltern taten mir so unendlich leid, und ich bedauerte, daß ich sie so behandeln mußte. Aber ich konnte nicht anders. Dies waren mein Leben und meine Ehe, und die wollte ich irgendwie retten.

Unsere neue Wohnung befand sich im vierten Stock eines Altbauhauses. Sie bestand aus zweieinhalb Zimmern, Küche, Diele, Bad. Am Haus fuhr die Straßenbahn vorbei, wir waren mitten in der Stadt. Als erstes gingen wir zur Bank, um einen Kredit aufzunehmen, denn wir mußten ja Möbel kaufen. Von den viertausend Mark, die man uns gewährte, kauften wir Schlafzimmermöbel und eine billige Wohnzimmereinrichtung. Die Küche war uns voll eingerichtet überlassen worden, aber wir mußten auch hierfür noch einen Teil an die Vormieter bezahlen. Bis die Möbel geliefert wurden, schliefen wir auf Matratzen. Aber das machte uns nicht viel aus. Amer war fröhlich und ausgelassen und steckte mich mit seiner guten Laune an. Wir freuten uns über unsere eigenen vier Wände und darüber, daß wir jetzt eine richtige Familie waren.

Amer gab mit vollen Händen das Geld aus, das wir von der Bank geborgt hatten. Ich mußte ihn häufig bremsen, irgendwelchen unnötigen Krimskrams zu kaufen. Er verstand oder wollte nicht verstehen, wie das Bankensystem funktioniert. Er wußte, wieviel Geld er verdiente, und sah das auch auf den Bankauszügen, nur daß dieses Geld uns nur zum Teil gehörte, das wollte er nicht begreifen. Wie oft habe ich versucht, ihm zu erklären, daß ein Teil des Geldes auf dem Konto bleiben müsse für die Miete und daß ein weiterer Teil nicht angerührt werden durfte, weil die Bank die Raten für den Kredit abbuchen würde. Aber er wollte es nicht einsehen und ging immer wieder zur Bank, um Geld abzuholen, denn man hatte ihm zu allem Unglück auch noch eine Kreditkarte gegeben.

Kaum waren wir eingerichtet, bekamen wir Besuch. Uli und Samir hatten Assuan verlassen, weil Uli sich dort nicht eingewöhnen konnte. Nun waren sie in Köln und waren auf der Suche nach Wohnung und Arbeit. Amer gewährte ihnen großzügig Unterschlupf, denn »wir Ägypter« sind ja sehr gastfreundlich. Da mußten wir halt ein wenig zusammenrücken!

In diesen Tagen stellte ich auch fest, daß ich wieder schwanger war. Zuerst erfreute mich dieser Gedanke gar nicht, aber dann dachte ich, daß Amer vielleicht endlich seinen heißersehnten Sohn bekommen würde und Fatima auch nicht als Einzelkind aufwachsen müßte. Amer freute sich über diese Nachricht mehr als ich. Ich rief meine Eltern an, um ihnen mein »süßes Geheimnis« mitzuteilen. Ob sie sich mit mir freuten??!!

Da Amer meinen Eltern verboten hatte, die Wohnung zu

betreten, sah ich sie sehr selten. Auch meine Brüder durften mich nicht besuchen. Ich hielt mich selbstverständlich nicht an das »Verbot«. Wenn Amer tagsüber arbeiten ging, kam meine Mutter mich häufig besuchen. Sie achtete aber stets darauf zu verschwinden, bevor er nach Hause kam.

Ich mußte nun meinen Frauenarzt aufsuchen. Er untersuchte mich, fand alles soweit in Ordnung und bestellte mich wieder für die übernächste Woche. Ich wunderte mich: Wieso will er mich in zwei Wochen schon wieder sehen, wenn doch alles in Ordnung ist?

Zu Hause ging es unterdessen fröhlich und »eng« zu. Samir hatte eine Arbeit gefunden, und während die Männer tagsüber fort waren, erledigte ich den Haushalt, und Uli ging auf Wohnungssuche. Sie beteiligten sich finanziell an unseren Ausgaben, aber ich hätte es schön gefunden, wenn Uli im Haus vielleicht auch mal mit angepackt hätte. Hin und wieder kochte sie für uns, aber im allgemeinen ließen sich alle von mir wie von einer Angestellten bedienen. Normalerweise hätte mir dies nichts ausgemacht, doch diese neue Schwangerschaft war gleich von Beginn an unangenehmer als die erste. Mir fiel alles viel schwerer als sonst. Immerzu war mir übel. Und wenn ich dann den Dreck meiner lieben Gäste in der Toilette aufwischen mußte, spie ich vor Ekel das Frühstück immer wieder aus.

Fatima kniete neben mir in der Toilette und fragte: »Hat dir das Essen nicht geschmeckt?«

Ich konnte diese Schwierigkeiten gar nicht verstehen, denn als ich Fatima bekam, ging es mir doch so gut.

Nach zwei Wochen ging ich erneut zum Arzt, und nun eröffnete mir Dr. Grote: »Herzlichen Glückwunsch, habe ich es mir doch gleich gedacht. Es sind zwei!«

Ich war wie gelähmt vor Schreck. Das konnte doch nicht wahr sein! Wie können es denn zwei sein? Bei uns in der

Familie hat es noch nie Zwillinge gegeben! Wieso ich? Ich ekelte mich vor meinem Bauch. Ich hatte die Vorstellung, daß es dort von Kindern wimmelte. Nun wurde mir auch klar, wieso mir doppelt übel war, und warum ich doppelt so schnell erschöpft und müde war wie damals. Ach, so ein Mist, wie sollte das alles gehen?

An einem der nächsten Wochenenden wollten wir alle zusammen einen Stadtbummel machen. Wir unternahmen viel miteinander in der Zeit, als Uli und Samir bei uns waren. Aber diesmal bat ich darum, zu Hause bleiben zu dürfen, weil mir einfach nicht der Sinn danach stand, in der Stadt herumzulaufen, und da Amer und die beiden sich anboten, Fatima mitzunehmen, genoß ich es unendlich, einen Nachmittag lang einmal ganz alleine zu Hause zu faulenzen und zu entspannen.

Nach mehreren Stunden kamen sie zurück. Amer trug Fatima auf dem Arm, und als er die Wohnung betrat, warf er sie aufs Sofa.
Ich konnte ihren Sturzflug gerade noch abfangen, und er schrie: »Die nehme ich nie mehr mit! Das Kind ist ja unmöglich, immerzu will sie getragen werden, du mußt sie besser erziehen!!!«

Was war plötzlich wieder mit ihm los? Woher kam dieser Wutausbruch? Ich versuchte ihm klarzumachen, daß Fatima gerade einmal zwei Jahre alt war und einfach noch nicht in der Lage war, stundenlang in der Stadt herumzulaufen. Ging ich nicht immer noch mit dem Kinderwagen zum Einkaufen? Sie konnte so weit und so lange einfach noch nicht laufen. Amer gab mir keine Antwort, schmollte und sprach den ganzen Abend kein Wort mehr mit mir. Ich war nur froh, daß Uli und Samir da waren, so daß wir unseren Ärger bezähmen mußten.

Die beiden fanden nun auch sehr bald eine Wohnung und

verabschiedeten sich von uns. Aber mit unserem trauten Familienglück war es schon wieder vorbei. Amer verfiel in die gleiche Verhaltensweise, wie ich sie schon immer an ihm kannte. Er ging und kam, wann und wie er wollte. Auf meine Fragen, wo er sich aufhielte, bekam ich keine Antworten, und so gab ich es auch bald auf, ihm Fragen zu stellen oder überhaupt eine Unterhaltung zu beginnen. Wir sprachen nur das Allernötigste. Ich war unendlich enttäuscht. Ich hatte mir wirklich Hoffnung gemacht, daß unser Verhältnis nun, da wir alleine lebten, besser würde. Für mich stand nun fest, daß das unglückliche Zusammensein im Hause meiner Eltern ganz alleine an ihm gelegen hatte. Er blieb wortkarg und unfreundlich. Selbst Fatima würdigte er keines Blickes und keines Wortes mehr.

Eines Sonntags luden mich meine Eltern zu sich nach Hause ein. Da Amer wie üblich an den Wochenenden nicht zu Hause war, konnte ich ihm nicht sagen, daß ich weggehen wollte. Bei Kaffee und Kuchen sah ich meine Geschwister und Neffen und Nichte wieder, und da auch noch ein paar Freunde da waren, hatte ich einen fröhlichen ausgelassenen Nachmittag. Meine Eltern hatten für Fatima Spielsachen gekauft, und meine Schwägerinnen hatten jede ein Paket vorbereitet mit abgelegten Kinderkleidungsstücken, wofür ich sehr dankbar war, denn ich konnte keinen Pfennig für neue Kleidung erübrigen.

Bei unserer Rückkehr erlebten wir einen altbekannten Tobsuchtsanfall: »Wo kommst du her? Hatte ich dir nicht verboten, deine Eltern zu besuchen? Du hast gefälligst da zu sein, wenn ich nach Hause komme.«

Wutentbrannt entriß er Fatima die neuen Spielsachen und zerbrach sie vor ihren Augen. Und die Kleidungsstücke warf er alle in den Müll.

Zu all der Enttäuschung und dem Ärger über Amers Verhalten kam noch hinzu, daß bei uns die bitterste Armut einzog. Amer hatte soviel Geld für Unsinniges ausgegeben, daß unser Konto hoffnungslos überzogen war, und ich sah kaum eine Möglichkeit, diese Löcher jemals wieder zu stopfen. Vielleicht konnte ich eines Tages wieder arbeiten? Aber mit drei kleinen Kindern und mit diesem Mann waren die Möglichkeiten eher gering. Ich sparte an allen Ecken. Fleisch kam fast nie mehr auf den Tisch, und Süßigkeiten für Fatima waren gestrichen. Ich konnte mir nichts, aber auch gar nichts leisten. Mein Geldbeutel war so leer, daß Fatima nicht einmal auf das Schaukelpferd, das vor dem Supermarkt stand, steigen konnte. Sie tobte und schrie, aber ich hatte keine fünfzig Pfennig mehr für das Schaukelpferd übrig. Eine nette alte Dame kam vorbei, steckte ihr – nicht ohne mich vorher vorwurfsvoll angeschaut zu haben – eine Münze in den Schlitz, damit das Kind schaukeln konnte. Ich habe mich so geschämt! Es war noch keine vier Jahre her, da war ich eine selbständige, gut aussehende Frau mit schicker Wohnung und flottem silbergrauen Sportwagen, und nun stand ich hier mit strähnigen Haaren, mit Brechreiz kämpfend, ungeschminkt, schwanger, mit einem heulenden Kind und mußte mir von einer fremden Frau fünfzig Pfennig schenken lassen, damit das Kind schaukeln konnte. Es war so erniedrigend!

Dann kam der nächste Sonntagabend, mein lieber Gatte hatte sich geduscht und parfümiert, um auszugehen.

»Gib mir Geld, ich will heute abend in die Diskothek und muß mir vorher noch eine Krawatte kaufen, sonst lassen sie mich da nicht rein.«

»Tut mir leid, kann ich dir nicht geben, wir haben nur noch fünfzig Mark, und am Mittwoch kriegen wir erst wieder Geld.«

»Ist mir doch egal, wenn du Geld brauchst, frag deine Eltern, du rennst ja sonst auch immer wegen jeder Kleinigkeit zu ihnen.«

Er nahm den allerletzten Geldschein dieses Monats aus meiner Geldbörse und verschwand. Ich hatte kein Brot, keine Milch für Fatima und nur noch Senf und Ketchup im Kühlschrank. Was sollte ich jetzt tun? Sollten wir hungern bis zum Mittwoch? Wenn es sich nur um mich und ihn gedreht hätte, wäre ich bereit gewesen, bis zum nächsten Ersten zu fasten. Aber ich mußte doch das Kind versorgen! Fatima durfte doch nicht darunter leiden!

Wie kam ich nur aus dieser Misere wieder heraus? Also rief ich am Montagmorgen meine Mutter an und fragte sie, ob sie mir für zwei Tage etwas Geld leihen könne. Selbstverständlich kam sie meiner Bitte nach, und sie tat noch ein weiteres, sie brachte mir einen »Frühstückskorb« mit, was sie in Zukunft öfter machte. Aber immer nur heimlich und tagsüber, damit sie nur ja Amer nicht begegnete. Meine Wut stieg. Er hatte das letzte Geld genommen und sah nun, daß der Kühlschrank trotzdem voll war. Es war ihm keinen Kommentar wert, im Gegenteil, wie selbstverständlich aß er alles auf, was meine Mutter gebracht hatte. Zwar »haßte« er meine Eltern, aber ihr Geld und ihre Lebensmittel kamen ihm sehr gelegen!

Anfang Oktober bekam Amer seinen ersten Jahresurlaub. Er lag nun den ganzen Tag im Bett, und abends ging er aus. Die Zeit, als ich mir Sorgen um ihn machte, wenn er unterwegs war, war längst vorbei. Ich machte mir nun viel mehr Sorgen um mich. Durch die Medien geisterte immer wieder das Wort »Aids«. Da ich nie auch nur eine Idee hatte, wo er war und mit wem er die Nächte verbrachte, beschlich mich nun auch noch die Sorge, daß er uns diese Krankheit nach Hause schleppen könnte. Er bediente sich nach wie vor meines Körpers, wenn ihm danach war, und ich wagte nicht zu protestieren.

Fatima zog sich eine Erkältung zu, hatte hohes Fieber, und ich mußte sie zum Arzt bringen. Ich zog sie und mich so leise wie möglich an, damit der Herr in seinem Urlaubsschlaf nicht gestört wurde, aber durch Fatimas Gequengele wurde er dann doch wach.

Unwillig rief er aus seinem Bett: »Was geht hier vor? Wo willst du hin?«

Ich erklärte ihm, was ich vorhatte, aber er sagte nur: »So ein Quatsch. Für so was muß man nicht zum Arzt rennen. Stopf das Kind ins Bett, dann wird es von alleine wieder gesund. Du gehst nicht weg, du bleibst hier und damit basta.«

Bis zu diesem Tag hatte ich mir ja wirklich viel von ihm gefallen lassen und auch alles ertragen, denn meistens trafen sein Unwille und Zorn nur mich. Aber nun ging es um meine Tochter. Das Kind war krank und mußte zum Arzt. Ich wurde zornig. Wenn er mich wirklich gehindert hätte, das Haus zu verlassen, ich glaube, ich wäre handgreiflich geworden. Das war einfach zuviel!

Er muß meine Gedanken erraten haben, denn schließlich sagte er: »Von mir aus, dann geh doch. Aber ich will vorher mein Frühstück haben.«

Mein Haß auf ihn steigerte sich von Tag zu Tag und entlud sich sehr bald. An diesem Tag war er schon vormittags aus dem Haus gegangen. Wohin?? Ich erledigte meinen Haushalt, was mir immer schwerer fiel. Ich war jetzt im dritten Monat schwanger und mußte mich immer noch mehrmals täglich übergeben. Ich besorgte ein paar Einkäufe, kam nach Hause und mußte Tüten und Kinderwagen in die vierte Etage tragen, denn im Hausflur durften Kinderwagen nicht stehen. Ich bereitete sein Essen zu, damit es auf jeden Fall fertig sei – wann immer auch mein Gatte nach Hause kam, und damit er sofort essen konnte. Ich wollte seinen Unmut nicht unnötig provozieren. In mir schwelte eine Wut: Er hat Urlaub, läuft in der Stadt rum, amüsiert sich, gibt unser Geld aus, was ich dringend benötige. Und mir war schlecht, ich war müde, mein Kind quengelig. Ach, ich hatte alles so satt.

Als er am späten Nachmittag nach Hause kam, duschte er, flegelte sich auf das Sofa vor den Fernseher, und das erste Wort, das ich heute von ihm hörte, war: »Wo bleibt mein Essen?«

Ich brachte es ins Wohnzimmer und stellte es vor ihn auf den niedrigen Wohnzimmertisch. Ich drehte mich um und wollte in die Küche zurück, da sagte er: »Rück den Tisch näher, ich komme so nicht dran.«

Die ganze Wut, der blanke Haß, den ich seit Tagen und Wochen mit mir herumtrug, entlud sich nun in einem Fußtritt, den ich dem Tisch versetzte. Der Tisch ging zu Bruch, der Teller mit dem Essen flog Amer in den Schoß, der Rest der Mahlzeit spritzte ihm ins Gesicht und an die Wand hinter ihm und rutschte langsam zu Boden. Es war irgend etwas Rotes mit Tomaten.

Ich sagte zu ihm: »Ist es so nahe genug?«

Daß er auf meine Attacke reagierte, war klar. Es entwickelte sich eine üble Prügelei zwischen uns, er schlug mit den Fäusten auf mich ein und trat nach mir, und ich wehrte mich mit all meiner Kraft und Wut. Die halbe Wohnzimmereinrichtung haben wir zertrümmert.

Als ich später ins Badezimmer gehen wollte, um meine blutende Nase zu versorgen, sah ich plötzlich Fatima bleich und starr vor Schrecken in der Tür stehen. Sie zitterte am ganzen Leib. O Gott, das Kind hatte alles mit angesehen! Was habe ihm nur damit angetan? Ich wollte Fatima trösten und beruhigen, aber der Schock saß so tief, daß sie sich von mir nicht berühren lassen wollte. Ich brachte sie zu Bett, und sie lag steif wie ein Brett da und wandte den Kopf von mir ab. Das war der größte Schmerz, der mir an diesem Tage zugefügt wurde. Ich dachte nun auch an meine ungeborenen Kinder. Hoffentlich hatten sie keinen Schaden gelitten.

Der Bruch zwischen Amer und mir war nun vollkommen. Wir hatten die Hemmschwelle der Gewaltlosigkeit überschritten, und ich rechnete fest damit, daß er in Zukunft nie mehr seine Fäuste zurückhalten würde, wenn ihm etwas nicht paßte.

Ende Oktober war der Geburtstag meiner Mutter, und sie holte mich ab, damit Fatima und ich an der Familienfeier teilnehmen konnten. Da Amer schon seit mehreren Tagen kein einziges Wort mehr gesprochen hatte, ging ich nun auch gruß- und wortlos aus dem Hause. Aber ich konnte den Tag im Kreise meiner Lieben nicht genießen, hatte ich doch Angst, nach Hause zu kommen. Wie würde er reagieren? Was würde diesmal geschehen? Mein Bruder Thomas fuhr mich zurück, trug mir den Kinderwagen bis vor die Haustür und ging ganz schnell weg, damit er Amer nicht begegnen mußte. Aber Amers Reaktion war diesmal wieder unerwartet – nie konnte ich einschätzen, was dieser Mann tun würde. Er saß vor dem Fernseher und rührte sich nicht. Er sagte nichts, schaute mich nicht an und starrte nur in den Apparat. Um so besser.

Meine Lage war verzweifelt. Ich fiel in ein tiefes, dunkles Stimmungsloch. Ich wußte nicht mehr ein noch aus. Was sollte ich tun? Wie sollte es weitergehen? Wir hatten kein Geld mehr, nur noch Schulden. Die Wohnung war zu klein für zwei weitere Kinder. Dieser Mann, den ich nur noch haßte, war aggressiv und unberechenbar, ich konnte nicht mehr bleiben. Aber wo sollte ich hin? Meine Eltern wollte ich nicht mehr mit meinen Problemen belästigen. Auch schämte ich mich vor ihnen wegen meiner Niederlage. Zu meinen Geschwistern konnte ich nicht gehen, Freunde hatte ich keine mehr, da Amer mir zu allen meinen Bekannten den Kontakt verboten hatte. Oder sollte ich in ein Frauenhaus flüchten? Mir fielen nur zwei Lösungen ein: Entweder bringe ich ihn um oder mich.

Das Telefon klingelte.

Meine Mutter fragte auf ihre lockere Art: »Hallo, Morgen, wie geht's?«

»Wie soll's schon gehen, gut.«

»Das klingt aber gar nicht gut.«

»Na ja, halt eben so.«

»Was soll das denn heißen? Was ist denn los?«

»Weißt du, ich habe gerade beschlossen, mich hier aus dem Fenster zu stürzen.«

»Du tust jetzt überhaupt nichts! Häng ein, setz dich hin und bewege dich nicht! Ich bin in einer halben Stunde bei dir!«

Zurück nach Widdersdorf

Ein halbe Stunde später war meine Mutter da. Ich saß immer noch auf dem Stuhl. Sie half mir, eine Tasche mit Fatimas Sachen zu packen, und ich schrieb auf einen kleinen Zettel: »Du hast jetzt eine ganze Woche lang nicht mehr mit mir gesprochen. In Zukunft brauchst du es nie wieder zu tun.«

Ich verließ diese Wohnung für immer.

Bei meinen Eltern angekommen, konnte ich erst gar nicht erzählen, warum die Situation so eskaliert war. Ich erzählte nur Bruchstücke. Fatima fühlte sich sofort wohl, sie war wieder zu Hause bei Oma und Opa.

Am Abend rief Amer an. Er konnte sich gar nicht erklären, warum ich gegangen war.

»Wann kommst du denn wieder zurück?«

Als ich ihm sagte:
»Ich komme nie mehr zurück«, hat er nur gelacht, er konnte es sich gar nicht vorstellen. Er war plötzlich so freundlich und so nett am Telefon, daß mir die Tränen kamen. Gegen Freundlichkeit konnte ich mich noch nie wehren. Es fiel mir sehr schwer, hart und klar »nein« zu sagen. Aber es mußte sein. Meine Mutter signalisierte mir während des Telefongespräches, nicht nachzugeben. Aber sie brauchte sich diesbezüglich keine Sorgen zu machen. Amer konnte mich nicht mehr einwickeln. Es war aus. Er rief jetzt jeden Tag an und versuchte mit allen Mitteln, mich umzustimmen:
»Ich habe dir einen wunderschönen Blumenstrauß gekauft, der steht hier und wartet auf dich.«
Er hatte mir nie zuvor auch nur das allerkleinste Geschenk gemacht, geschweige denn jemals eine Blume gekauft. Am anderen Tag rief er an und sagte, er habe die ganze Wohnung geputzt und etwas Feines gekocht, und wenn ich jetzt nach Hause käme, würde er es fortan immer tun. Er redete mit Engelszungen, aber es war zu spät. Nach einigen Tagen und vielen Telefongesprächen, die mich immer völlig fertigmachten, hatte er wohl begriffen, daß mir die Sache ernst war. Er tobte:
»Das kannst du mir nicht antun. Wenn du mich schon verlassen willst, dann bring wenigstens das Kind zurück, das ist mein Eigentum. Fatima hat bei dir nichts verloren, die werde ich mir schon holen!«

Als erstes suchte ich nun einen Rechtsanwalt auf, damit ich die Scheidung beantragen konnte. Das Allerwichtigste und Erste, so sagte mir dieser, sei, das Sorgerecht für Fatima zu beantragen. Denn wenn Amer schon gedroht hatte, das Kind zurückzuholen, dann konnte ihn keine Macht der Welt daran hindern.

Und dann erschien kurz darauf Amer bei uns in Widdersdorf und wollte seine Tochter holen. Meine Eltern waren Gott sei Dank zu Hause und sogar die Putzhilfe, die nun wöchentlich kam. Mein Vater verweigerte ihm den Zutritt zur Wohnung und gab ihm keine Möglichkeit, mit mir zu sprechen. Amer schimpfte, tobte und schrie: »Ihr werdet schon sehen, was ihr davon habt, ich bringe euch alle um!«

Sogar der Putzhilfe blieb vor Staunen der Mund offen, als sie diese Drohung hörte. Da nun eine Entführungs- und eine Morddrohung vor Zeugen ausgesprochen waren, erwirkte mein Anwalt per einstweiliger Verfügung, daß Amer sich unserem Hause fernzuhalten hatte und mit mir keinen Kontakt mehr aufnehmen durfte, bis die ersten Verhandlungen über das Sorgerecht begannen. Mein Anwalt bekam einen sehr raschen Gerichtstermin, aber ich fühlte mich diesen Belastungen im Augenblick nicht gewachsen. Dr. Grote schrieb für das Gericht ein Attest, daß ich zur Zeit verhandlungsunfähig sei und der Termin bis nach der Geburt der Zwillinge verschoben werden müsse.

Eines Morgens fuhr ich, nachdem ich mich vergewissert hatte, daß Amer an seinem Arbeitsplatze war, noch einmal in unsere Wohnung, um noch ein paar Sachen und vor allen Dingen die wichtigsten Papiere zu holen. Da sah ich, daß Amer in seiner Wut alle Dinge, die mir gehörten, zertrümmert, zerstört und zerrissen hatte. Aber er hatte seltsamerweise die Trümmer aufgehoben. Was ging im Hirn dieses Mannes vor? Ahnte er, daß ich noch einmal in die Wohnung kommen würde, und wollte er mir damit wehtun?

Nun kam ich vorerst zur Ruhe. Ich konnte wieder schlafen und tief durchatmen dank der neugewonnenen Freiheit. Meine Eltern verwöhnten Fatima und mich, wo sie nur konnten. Ich genoß den Frieden, aber wenn ich alleine zu Hause war, beschlich mich immer eine gewisse Furcht, daß Amer auftauchen würde.

Eines Tages besuchte mich eine Freundin, die mir erzählte, daß sie Amer in der Straßenbahn getroffen hatte. Er habe ihr richtig leid getan. Wie ein Häuflein Elend habe er dort gesessen, denn er verstand die Welt nicht mehr. Er hatte sich natürlich auch einen Anwalt genommen, und dieser hatte ihm etwas von Unterhaltszahlungen erzählt.

»Wie kann es angehen, daß meine Frau mich verläßt, sogar das Kind mitnimmt, und ich soll auch noch dafür bezahlen?« sagte er zu ihr.

Daß die Gesetzgebung in Deutschland eine andere ist als in den arabischen Ländern, daran mußte er sich jetzt schmerzlich gewöhnen.

Aber meiner Freundin sagte er vor dem Abschied: »Das können die mit mir nicht machen. Ich werde meine Tochter zurückholen, und dann bringe ich die alle um.«

Drei Wochen vor dem errechneten Geburtstermin der Zwillinge mußte ich ins Krankenhaus. Mein Blutdruck war wohl wegen all der Aufregungen so hoch gestiegen, daß man mich nun mit Beruhigungspillen vollstopfte und ich im Bett liegen mußte.

Die Zwillinge, ein Junge und ein Mädchen, kamen pünktlich und gesund auf die Welt. Leider wog das Mädchen nur zweitausend Gramm. Es wurde vorsichtshalber in die Frühgeborenenstation des Kinderkrankenhauses in einen anderen Stadtteil gebracht. Meine Eltern kümmerten sich während meiner Abwesenheit um Fatima und besuchten mich regelmäßig im Krankenhaus. Es kamen auch Freunde und Bekannte, aber es war für mich doch schmerzlich zu sehen, wie meine Zimmergenossinnen von ihren stolzen Ehemännern Blumen und Geschenke bekamen und ich nicht.

Eine Dame vom Standesamt besuchte mich und fragte nach dem Vater der Kinder und nach den Namen, die ich ihnen geben wollte. Ich wollte sie Gloria und Gregor nennen.

Dies nicht nur, weil diese Namen selten waren und mir gut gefielen, sondern auch, weil sie so herrlich katholisch klingen und in keiner Weise, wie bei Fatima, an meine Vergangenheit erinnerten. Die Standesbeamtin erklärte mir aber, daß, solange ich nicht das alleinige Sorgerecht für meine Kinder hätte, mein Mann jederzeit Einspruch gegen die Namensgebung erheben könne. So schloß ich einen Kompromiß. Ich gab ihnen Doppelnamen: Gloria-Soraya und Gregor-Anwar. Dagegen konnte mein Mann nichts einwenden.

Die ersten Lebenswochen der Zwillinge bereiteten mir viel Mühe und Sorgen. Gloria lag noch im Kinderkrankenhaus, als ich entlassen wurde. Ich fuhr also nur mit Gregor im Arm nach Hause. Fatima wälzte sich vor Freude auf dem Boden, als sie mich endlich nach vier Wochen wiedersah, Aber ihre Freude wurde getrübt durch das Bündel, das ich da auf dem Arm hatte. Ich legte Gregor ab und kümmerte mich intensiv um Fatima, was ihr, glaube ich, auch über den ersten großen Schock hinweghalf. Als es aber Zeit wurde, Gregor zu stillen, wollte Fatima natürlich auch, und sie war bitter enttäuscht, daß es ihr nicht schmecken sollte. Es kostete viel Zeit und Geduld, Fatima abzulenken, denn sie wollte nicht erlauben, daß jemand anderer in meinem Arm war. Gott sei Dank waren ja die Großeltern anwesend und halfen über die ersten schlimmen Stunden und Tage hinweg.

Dann mußte ich mich auch um mein drittes Kind kümmern. In der Frühgeborenenstation hörte ich immer nur ein Kind brüllen, und das war meins. Welch ein Protest, welch eine Wut klang aus dieser kräftigen Stimme! Eine arrogante Schwester, die mich zu ihr brachte, sagte: »Es wurde auch endlich mal Zeit, daß Sie sich um das Kind kümmern. Kein Wunder, daß es so schreit!«

Dumme Kuh, mußte ich mich etwa vor ihr jetzt rechtfertigen und erklären, daß man mich heute erst aus dem Krankenhaus entlassen hatte?! Man hatte Gloria an Monitore und Apparate angeschlossen, und nach meiner erstaunten Frage, was denn wohl nicht mit dem Kind in Ordnung sei, hieß es: »Die hat sich weggebrüllt.«

Das hieß im Klartext, daß man sie so lange hat schreien lassen, bis ihr die Luft wegblieb. Und nun dachten die Ärzte im Krankenhaus, das Kind habe einen Herz- oder Atemfehler und befürchteten den »Plötzlichen Kindstod«, wenn sich das wiederholte. Ich nahm Gloria aus ihrem Brutkasten heraus, gab ihr die Brust, wiegte sie und trug sie umher, da brauchte das arme Kind nicht mehr zu schreien. Ihm fehlte nur die Mutter. Am liebsten hätte ich sie mitgenommen, denn sie war in meinen Augen ein ganz normales, gesundes Kind, das zu Hause an Mutters Brust viel besser hätte gedeihen können. Aber die Gesetze und Vorschriften besagten, daß ein Kind erst mit zweieinhalb Kilo Körpergewicht nach Hause durfte. Wegen dieser albernen fehlenden fünfhundert Gramm nahm man in Kauf, daß das Kind ein nicht wiedergutzumachendes Trauma erlitt, weil es die ersten Lebenswochen in einem Brutkasten eingesperrt war. Mich packte die Wut wegen meiner Hilflosigkeit diesen Halbgöttern in Weiß gegenüber. Ich mußte an Fatimas Geburt denken. Niemand hatte sie gemessen oder gewogen. Sie war auch ein kleines »Raucherkind«, und heute strotzte sie vor Gesundheit. Mir blieb nichts anderes übrig, als Gloria dazulassen. Nun pendelte ich zweimal täglich zwischen unserem Zuhause und dem Kinderkrankenhaus hin und her. Mir ging in diesen Tagen oft der Gedanke durch den Kopf: Wie hätte ich das alles geschafft, wenn ich bei Amer geblieben wäre?

Für Fatima hatte ich bereits vorher eine Tagesmutter gefunden, zu der ich sie vormittags ein paar Stunden brachte. Die Dame hütete mehrere Kleinkinder, und für Fatima war dies eine gute Einübung für den Kindergarten. Man hatte mir für Juni einen Kindergartenplatz zugesagt. So bemerkte sie nicht viel von meinen hektischen Vormittagen. Meine Mutter brachte sie morgens früh dorthin, in der Zwischenzeit versorgte ich Gregor. Wenn meine Mutter zurückkam, fuhr ich ins Krankenhaus zu Gloria, wo ich sie stillte und versorgte. Die Schwestern waren froh, wenn man ihnen Arbeit abnahm. Außerdem war mein Kind ja nicht krank. Ich eilte zurück, holte Fatima bei der Tagesmutter ab, meine Mutter bereitete in der Zwischenzeit das Mittagessen. Ich versorgte Gregor, und am Nachmittag, wenn mein Vater von der Arbeit kam, kümmerte er sich um Gregor, gab ihm die Flasche, und nun fuhren meine Mutter, Fatima und ich ins Krankenhaus, weil Gloria wieder an der Reihe war. Dies ging fünf Wochen lang so, bis man mir erklärte, Gloria habe nun ihre zweitausendfünfhundert Gramm Gewicht und könne nach Hause entlassen werden. Aber man gab mir einen Apparat mit, an den ich Gloria immer anschließen sollte. Dieser Apparat überwachte ihre Atmung. Er piepste unentwegt. Bereits auf dem Heimweg vom Krankenhaus löste er einen Fehlalarm aus, so daß ich vor Schreck fast gegen einen Baum fuhr, weil ich dachte, mein Kind würde sterben.

Ich glaube, Gloria hat nie wirklich zu atmen aufgehört. Dieser Apparat hat uns nur terrorisiert. Er war so empfindlich, daß er bei der kleinsten Bewegung oder wenn die Atmung im tiefen Schlaf flach wurde, Alarm schlug. Bis zu zehnmal weckte er mich in einer Nacht.

Tagsüber war mir oft Fatima eine Hilfe, wenn sie rief: »Mama, Mama, die Gloria piepst.«

Als wir die Höllenmaschine nach einem Jahr abschalten konnten, feierten wir ein großes Fest.

Nun hatte ich alle Kinder beisammen und sehr viel Arbeit. Ich hatte nicht nur zwei Säuglinge zu versorgen. Fatima wurde auch wieder zum Säugling. Aus Protest gegen ihre Entthronung machte sie nun wieder in die Hose, wollte nicht mehr alleine essen. Sie mußte jetzt dringend auch eine Babyflasche haben. Sie wollte herumgetragen werden, und außerdem entdeckte sie nun den Schnuller. Ich hatte mit ihr als Baby um den Schnuller gekämpft, damit ich ihr hin und wieder den Mund stopfen konnte, aber damals hatte ich diesen Kampf verloren, und jetzt nahm sie ihn nicht mehr aus dem Mund. Nun, was machte es schon aus, ich wechselte halt bei drei Kindern die Windeln, machte drei Flaschen und trug drei Kinder zum Bäuerchenmachen durch die Wohnung.

Meine Eltern waren mir in dieser Zeit eine große Hilfe. Die Putzhilfe kam regelmäßig und nahm uns Arbeit im Haus ab. Meine Mutter kümmerte sich meist um Einkaufen und Essen, und wenn mein Vater nach Hause kam, dann spielte er mit den Kindern oder machte endlose Spaziergänge, so daß meine Mutter und ich uns in Ruhe eine Tasse Kaffee gönnen konnten.

Aber nun wurde auch die erste Gerichtsverhandlung für das Sorgerecht anberaumt. Ich betrat mit weichen Knien das Gerichtsgebäude. Wie wird es sein, fragte ich mich, wenn ich Amer wiedersehe? Wie verläuft eine Gerichtsverhandlung? Ich kannte diese Dinge doch nur aus dem Fernsehen.

Bei Amers Anblick verkrampfte sich mein Magen, aber da wir jeder mit unserem Rechtsanwalt dort eintrafen, verlief die Begrüßung kühl und förmlich. Draußen an der Tür stand geschrieben: »02. 6. 1986 – 11.00 Uhr – Gerichtssache Ragab./.Ragab, öffentliche Sitzung«. Was hieß öffentlich? Waren auch andere Menschen zugegen, die zuhören wollten? Wer kam denn noch? Aber meine Befürchtungen waren ohne Grund. Der Gerichtssaal war ein kleiner, sonnendurchfluteter Raum mit nur drei Tischen. An einem Tisch saß der Richter mit seiner Sekretärin, die alles Gesprochene mitstenographierte, und an den beiden anderen Tischen saßen jeweils

Amer und ich mit unseren Rechtsanwälten. Mein Anwalt war ein Studienfreund meines älteren Bruders und im Vergleich zu Amers Anwalt ein weicher, sanftmütiger Mensch. Amers Anwalt ließ mir schon beim ersten Anblick das Blut in den Adern gefrieren: schütteres, blondes Haar, dicke Brille vor eiskalten Augen, der Mund ein dünner Strich. Die Lippen bewegten sich kaum beim Sprechen, und lächeln konnten sie auch nicht.

Die Verhandlung dauerte keine halbe Stunde. Für den Familienrichter stand fest, daß die Mutter das volle Sorgerecht bekommen solle, da es sich erstens um Säuglinge und Kleinkinder handelte, und ich zweitens eine unbescholtene Person war. Zudem ordnete der Richter an, daß Amer als Vater das Recht habe, seine Kinder zu sehen, und dies sollte ihm in Zukunft auch zweimal monatlich gestattet sein. Aber da er vor Zeugen mehrfach damit gedroht hatte, die Kinder zu entführen, sollte immer eine Aufsichtsperson bei den Kindern sein. Er durfte sie nicht alleine haben. Daß er auch Morddrohungen ausgestoßen hatte, wurde nicht erwähnt, mein Anwalt fand es eher lächerlich, darauf einzugehen. Er fand es »nicht zur Sache gehörend«.

Es wurde ein erster Besuch auf neutralem Boden vereinbart. Ein gemeinsamer Freund von Amer und mir, ein in Deutschland lebender Ägypter, bot sich an, bei sich zu Hause das erste Treffen zu arrangieren. Mein Vater nahm Fatima und brachte sie zu diesem Mann in die Wohnung, wo Amer bereits wartete. Es muß ein sehr verkrampftes Wiedersehen gewesen sein, wußte doch keiner so recht etwas zu sagen. Amer konnte unter Aufsicht mit Fatima nichts anfangen, und diese fing schnell an zu quengeln, weil sie wieder nach Hause wollte.

Ich bekam in der Folgezeit endlos viele Kopien von Briefen, die sich die gegnerischen Rechtsanwälte schrieben. Es ging um die Unterhaltszahlungen. Nun waren die Rechtsanwälte in ihrem Element. Es ging um Zahlen und Tabellen, endlich hatten sie etwas Konkretes in der Hand, um das sie streiten konnten. Sorgerecht, Ehestreitigkeiten, all dieser emotionale Wirrwarr! Was man nicht mit Zahlen belegen konnte, war ihnen eher unangenehm. Auf jede Forderung meines Rechtsanwalts kam ein Protestschreiben. Nach jedem Brief rief mich Amer an und beschimpfte mich. Ich mußte endlos viele Papiere beibringen. Man schickte mich zum Sozialamt, um meine Armut feststellen zu lassen. Selbst meine armen Eltern, die ja ihr Bestes für mich taten, mußten, da wir in einem gemeinsamen Haushalt lebten, ihre finanziellen Verhältnisse öffentlich darlegen.

Der gegnerische Rechtsanwalt hatte, obwohl mir das Sorgerecht übertragen worden war, beim Jugendamt seine Bedenken geäußert, ob ich wohl auch wirklich in der Lage sei, für meine Kinder zu sorgen. Und nun schickte mir das Jugendamt Kontrolleure nach Hause, die aufs peinlichste unsere häuslichen Gegebenheiten begutachteten. Es war für mich beleidigend. Aber ich war so froh, meinen Mann vorerst los zu sein.

Was die Unterhaltszahlungen anging, war ich nicht so sehr an Streit interessiert. Ich wußte doch schließlich genau, wieviel Geld Amer verdiente und wieviel oder wie wenig für uns herauskommen würde. Mir war der Friede zur Zeit wichtiger als das Geld.

Meine Kinder entwickelten sich prächtig. Sie waren gesund und glücklich, und ich war es auch. Als Fatima drei Jahre alt wurde, konnte ich sie in den Kindergarten bringen. Ich hatte großes Glück, da Kindergartenplätze rar waren, und mir hatte man als alleinerziehende Mutter mit drei kleinen Kindern im städtischen Kindergarten gegenüber anderen Bewerbern den Vorzug gegeben. Die Erzieherinnen waren fröhliche junge Damen, und es gab sogar einen Kindergärtner, den Fatima verehrte. Die Räume dort waren hell und freundlich. Fatima fühlte sich von Anfang an wohl. Sie hatte bald viele Freundinnen, die unser Haus bevölkerten. Auch ich freundete mich mit Müttern und Nachbarinnen an.

Um unsere Integrierung in diese Gesellschaft zu vervollkommnen, beschloß ich eines Tages, die Kinder taufen zu lassen. Ich dachte mir: Sie müssen eines Tages in die hiesige katholische Grundschule gehen, und da sie schon anders aussehen als die Kinder hier und außerdem einen ausländischen Namen haben, wäre es gut, wenn sie wenigstens katholisch sind. Ich lud also eines Nachmittags den zuständigen Pastor der dortigen Pfarrei zu mir ein und trug ihm meine Bitte mit den Begründungen vor. Dieser lehnte glatt ab. Da ich schon vor vielen Jahren aus der Kirche ausgetreten war, verlangte er von mir, zuerst wieder in die Kirche einzutreten. Das wollte ich nicht einsehen. Was hatte es mit meiner Person zu tun? Es ging doch hier um die Kinder. Er sagte, er wolle die Kinder nicht taufen, solange ich nicht voll und ganz mit meiner Überzeugung dahinterstand. Meine Argumente, daß ich ihnen alles Wissenswerte vermitteln könne, denn ich kam ja aus einer katholischen Familie, und daß laut katholischem Grundsatz zusätzlich Taufpaten für die religiöse Erziehung zuständig seien und vor allem die Schule die Kinder dem Glauben näherbringen würde, fanden bei ihm kein Gehör. Er verweigerte mir den Wunsch und verabschiedete sich sehr bald.

Amer setzte nun auch sein Recht durch, seine beiden anderen Kinder zu sehen. Ich konnte und durfte ihm dies nicht verwehren. Aber wo sollte ich die Kleinen hinbringen? Sie waren doch noch viel zu klein, als daß ich sie in der Gegend herumfahren konnte, außerdem hatte ich noch keinen Kinderwagen. Ich erlaubte ihm also, zu uns nach Hause zu kommen, damit er seine Kinder kennenlernte. Meine Eltern versprachen, zu Hause zu sein, und zur Verstärkung bat ich noch Thomas, meinen Bruder, »ganz zufällig« anwesend zu sein, wenn Amer käme.

Er betrat gruß- und wortlos das Haus. Ich führte ihn sofort in das Kinderzimmer. Nachdem Fatima ihn etwas verlegen begrüßt hatte, beugte er sich über Gloria und nahm sie aus ihrem Bettchen. Sie grinste ihm ihr zahnloses Lächeln entgegen, und er sagte: »Oh, mein Sohn.«

»Tut mir leid«, korrigierte ich ihn, »aber das ist deine Tochter.«

Er legte Gloria wieder hin und beugte sich zu Gregor, um ihn zu nehmen. Dieser war aber etwas zarter besaitet als seine Schwester. Er brüllte vor Schreck, als sich dieses unbekannte schwarze Gesicht ihm näherte. Das war die erste Begegnung zwischen Vater und Sohn. Amer hat die beiden Kinder immer nur Soraya und Anwar genannt.

Danach hörte ich viele Wochen nichts von Amer und war ganz froh darüber. Mein Anwalt erklärte mir, daß er sein Recht auf Besuch verwirken könne, wenn er es nicht in Anspruch nähme. Ich hoffte im stillen, daß ihm dies niemand sagen würde. Aber sein Anwalt war ein aufmerksamer Mann und ermahnte ihn, den Kontakt zu seinen Kindern aufrechtzuerhalten.

Im Spätsommer wurde ich wieder zum Gericht bestellt. Diesmal stand die Verhandlung zur Unterhaltszahlung an. Hier errang Amers Anwalt einen ordentlichen Erfolg. Er argumentierte, daß er nicht soviel Unterhalt zahlen könne, da er ja noch die in unserer Ehezeit gemeinsam erworbenen Schulden abtragen müsse. Ich glaubte meinen Ohren nicht zu trauen. Amer hatte nahezu alles, was er verdiente, für seine Vergnügungen ausgegeben, uns fast verhungern lassen, und nun sollte ich noch dafür bestraft werden. Aber mein Protest stieß auf taube Ohren. Mein Anwalt konnte sich nicht durchsetzen, und wir gingen letztendlich in einen Vergleich. Das heißt, Amer mußte uns etwas zahlen, aber es handelte sich um eine so lächerlich kleine Summe, von der wir nie hätten überleben können, wenn meine Eltern nicht gewesen wären.

Eines Tages kam mein Vater abends nach Hause und erzählte: »Ein türkischer Mitarbeiter, den ich schon seit vielen Jahren kenne, ist heute zu mir ins Büro gekommen, weil er mir etwas Wichtiges mitteilen wollte. Amer hatte diesen Mann angesprochen und ihn im Vertrauen gefragt, wie und wo man in Deutschland Pistolen kaufen kann. Der brave Mann war entsetzt über diese Frage, und da er mich seit vielen Jahren kennt und auch von unserer Familiensituation weiß, ist er gleich zu mir gekommen und hat mich informiert.«

Wir waren natürlich alle schockiert, zumal Amer ja schon verschiedene Male gesagt hatte, er wolle uns umbringen. Aber so ganz ernst haben wir es dann doch nicht genommen, wir haben es mehr für eine Spinnerei gehalten.

Im Herbst fuhr meine Mutter zu einem wohlverdienten Urlaub. Ich war allein mit meinem Vater und den Kindern. Eines Nachts klingelte das Telefon. Ich hob ab. Eine Nachbarin des Hauses Goltsteinstraße, die sich in der letzten Zeit Amers annahm, da er ihr so leid tat, so allein und verlassen von Frau und Kindern in der Fremde, rief in heller Aufregung an. Amer hatte einen Mitbewohner des Hauses, einen Studenten, mit dem er sich in letzter Zeit angefreundet hatte, gebeten, ihn mit seinem Auto in einen anderen Stadtteil zu fahren. Dieser Student hatte bemerkt, daß Amer am Hosenbein ein Messer trug, einen großen Hammer bei sich hatte sowie einen Benzinkanister. Beim Aussteigen aus dem Auto hatte Amer seinen Freund gefragt, ob dieser ihn später im

Gefängnis besuchen würde. Der arme Mann konnte sich Amers Verhalten nicht erklären und erzählte seiner Nachbarin davon. Diese fragte, wohin er ihn denn gebracht hätte. Der Student war aber aus einer anderen Stadt und kannte sich in Köln nicht gut aus. Deshalb beschrieb er der Frau den ungefähren Weg, den sie gefahren waren, und ihr fiel voller Entsetzen auf, daß es sich um den Stadtteil handelte, in dem ich wohnte. Deshalb rief sie an, um mich zu warnen.

O Gott, Amer war unterwegs, um unser Haus in Brand zu setzen! Unsere Haustür war ebenerdig und nur aus Glas! Meine Kinder schliefen unten im Souterrain, und diese war mit dem darüber liegenden Stockwerk nur durch eine Holztreppe verbunden. In Panik rief ich die Polizei an.

Sie fragten: »Ist denn schon etwas passiert? Ist er bereits in Ihrem Haus?«

»Nein, aber ich habe Angst, daß er gleich kommt!«

»Tja, da können wir leider nichts unternehmen, und überhaupt: In Familienstreitigkeiten mischen wir uns nicht ein«.

Mein Vater und ich blieben die ganze Nacht, bewaffnet mit dicken Holzknüppeln, neben der Haustür sitzen, aber es passierte nichts.

Am nächsten Tag rief ich die besagte Nachbarin an und wollte mich noch einmal genau erkundigen, was denn wohl passiert sei.

Amer hatte ihr beim Nachhausekommen alles selbst erzählt: Er hatte mit seinem Benzinkanister bereits an unserer Straßenecke gestanden, als ein Polizeifahrzeug vorbeifuhr. Da wir in einer sehr stillen Straße wohnten, in der nachts niemand mehr auf der Straße war und nicht einmal mehr Autos fuhren, hielten ihn die Polizisten an und fragten ihn, was er denn hier mitten in der Nacht so treibe. Er konnte keine zufriedenstellende Antwort geben. Sie ließen sich seine

Papiere zeigen und baten ihn, von hier zu verschwinden. Sie blieben so lange in seiner Nähe, bis er in ein Taxi stieg und verschwand. Ich habe nie erfahren, ob die Polizeistreife zufällig vorbeikam oder ob sie nach meinem Anruf einen Wagen geschickt hatten.

Ich teilte diesen Vorfall schleunigst meinem Anwalt mit, damit er etwas unternehme und mich vor diesem Mann schütze. Aber auch von ihm mußte ich mir sagen lassen, daß ja nichts passiert sei. Und was Amers Nachbarin erzählt hatte, müsse ja nicht unbedingt wahr sein. Ich bat Thomas, die nächsten Nächte in meinem Haus zu übernachten, damit ich noch mehr männlichen Schutz hatte. Thomas kam und brachte mir eine Schreckschußpistole, die ich von nun an immer griffbereit neben der Haustür postierte.

Ich wollte niemanden mehr unnötigen Gefahren aussetzen und packte nun meine Kinder an den Besuchstagen ins Auto und fuhr mit ihnen in einen Park, wo wir Amer trafen. Den nächtlichen Vorfall erwähnte er nie, und ich tat es auch nicht. Er konnte also nicht ahnen, daß ich davon wußte.

Die Treffen außer Haus schienen vorerst eine gute Lösung zu sein. Alle Beteiligten waren mehr oder weniger zufrieden. Ich konnte die Nerven meiner armen Eltern schonen, wenn Amer nicht ins Haus kam. Ich überstand diese Nachmittage allerdings nur mit vor Angst zitternden Knien.

Ich achtete nun immer sorgsam darauf, daß wir uns auf belebten Straßen bewegten oder in öffentlichen Parks, wo viele Menschen waren. Meine Furcht vor einer Entführung und vor seiner Gewalttätigkeit saßen einfach zu tief. Selbst wenn ich mit den Kindern alleine spazieren ging, ließ ich Fatima nie auf der Straßenseite gehen, damit niemand in einem vorbeifahrenden Auto die Möglichkeit haben konnte, zu stoppen und sie ins Auto zu ziehen.

Als der Winter nahte, waren die Möglichkeit eingeschränkt, uns draußen zu bewegen. So mußte ich Amer wieder erlauben, sonntags nach Widdersdorf zu kommen und mit mir und den Kindern seine drei genehmigten Stunden zu verbringen. Es war immer jemand im Haus, ich war nie allein und fühlte mich einigermaßen sicher. Er blieb immer im Kinderzimmer, spielte mit seinen Kindern, brachte Süßigkeiten mit und war ihnen in der Zeit der beste Vater, den man sich wünschen konnte. Nur hatte Fatima immer am Sonntagabend Bauchschmerzen. Ich war mir nicht sicher: Hatte er sie zu sehr mit Süßigkeiten gefüttert, oder spürte sie die Spannung zwischen uns?

Ansonsten verlief unser Leben sehr harmonisch. Die Kinder waren ausgeglichen und gesund, ich sah meine Familie und Freunde regelmäßig, meine Eltern halfen, wo sie nur konnten. Ich schloß mich einer Gruppe für alleinerziehende Mütter an, die von der Volkshochschule ins Leben gerufen wurde. Eine Diplompädagogin leitete diesen Kursus, und wir trafen uns samstags nachmittags in einer nahegelegenen Schule. Jeder brachte Kaffee, Kuchen oder Plätzchen mit, eine Erzieherin kümmerte sich in der Zwischenzeit um die Kinder, so daß wir Mütter ausgiebig Gelegenheiten hatten zu reden und uns abzulenken. Ich genoß diese Samstagnachmittage sehr, freundete mich mit einigen Frauen an und dachte manchmal, daß meine Probleme doch relativ harmlos waren im Vergleich zu dem, was andere Frauen so mit ihren Ehemännern erlebten.

Kurz nach der richterlichen Festsetzung über die Höhe der Unterhaltszahlungen wurde ein neues Gesetz hierüber erlassen, und die ganzen Berechnungen wurden von neuem angestellt. Die Korrespondenz zwischen den Parteien nahm wieder zu, Forderungen, Proteste. Immer wenn ich Amer sah, beschimpfte er mich, habgierig zu sein, ihn ausbluten lassen zu wollen und so weiter. Er stellte seine Unterhaltszahlungen vollkommen ein, was eine erneute Flut von Schreiben auslöste, so daß wir wieder endlose Streitpunkte hatten. Aber ich stritt nicht ernsthaft. Ich hätte lieber gar kein Geld bekommen, wäre ich dafür diesen Mann losgeworden.

Als im Sommer die Zwillinge laufen konnten, beschlossen meine Eltern und ich, einen Urlaub in Spanien zu wagen. Amer protestierte dagegen, aber das nutzte ihm nicht viel. Ich hatte nicht das Recht, ihm die Kinder zu entziehen, aber ich durfte, so oft ich wollte, mit ihnen in Urlaub fahren, ohne ihn um Erlaubnis zu bitten müssen. Ich vermied es sorgfältig, Amer wissen zu lassen, wohin die Reise ging.

Die Flugreise klappte phantastisch. Wir waren drei Erwachsene, und jeder nahm sich eines Kindes an. Der Aufenthalt in Spanien war wunderschön. Vor allen Dingen hatte Fatima die schönste Zeit ihres Lebens. Stunden verbrachten wir am Strand, im Swimmingpool und auf Spielplätzen. Ich war gelöst und wie befreit, vielleicht spürte das Kind die lokkere Stimmung, es war wie ausgewechselt. Es entdeckte tausend Sachen, spielte mit den Geschwistern oder allein, und nach kürzester Zeit war Fatima so schwarz wie ihre Großmutter. Ihr schien die Hitze nichts auszumachen. Ich sah sie barfuß in der Mittagshitze über die Kacheln der Terrasse laufen und erinnerte mich an die Nachmittage mit Amer auf der Nilinsel, als ich mir Brandblasen im Sand holte und er barfuß ging. Weil die Ferien in Spanien so schön waren, beschlossen wir, so oft wie möglich mit den Kindern hinzufahren.

Die sonntäglichen Treffen mit Amer verliefen in diesem Sommer harmonischer. Er zeigte sich als liebevoller Vater und spielte hingebungsvoll mit den Kleinen. Es war oft das Bild der absolut heilen Welt, wenn wir uns auf Spielplätzen aufhielten. Eines Tages saß ich auf einer Parkbank neben einer älteren Dame. Wir beobachteten Amer und die Kinder.

Die Dame sagte zu mir: »Das ist ja mal ein toller Vater. Gute Frau, Sie können sich glücklich schätzen, so einen netten Mann zu haben, wenn ich mir dagegen meinen Schwiegersohn anschaue...«

Im Oktober wurde mir eine Stelle in einer Arztpraxis als Sekretärin angeboten. Zuerst hatte ich Bedenken, die Arbeit anzunehmen, weil ich dachte, die Kinder seien noch zu klein, als daß ich sie schon hätte alleinlassen können. Aber da hatte ich wiederum die Möglichkeit, die Dienste der Tagesmutter, bei der schon Fatima war, in Anspruch zu nehmen. Und da die Zwillinge noch viel unkomplizierter waren als Fatima, wagte ich es einfach, sie in fremde Hände zu geben, obwohl sie erst eineinhalb Jahre alt waren. Ich hätte früher oder später sowieso wieder arbeiten gehen müssen, um für unseren Lebensunterhalt zu sorgen, also warum nicht gleich damit anfangen?

Die Kinder bemerkten nicht, daß ich arbeiten ging. Sie wurden morgens früh in den Kindergarten beziehungsweise zur Tagesmutter gebracht. Ich fuhr für vier Stunden zur Arbeit, und auf dem Rückweg sammelte ich meine Kinder wieder ein. Oft nahm mir auch meine Mutter die Fahrten ab, wenn die Zeit knapp wurde. Aber wir hatten unseren Tagesablauf phantastisch organisiert. Alle waren zufrieden.

Am zufriedensten war ich. Ich kam wieder in eine altbekannte Welt zurück. Seit meiner Heirat und dem Umzug nach Ägypten hatte ich keinerlei Kontakt zur Berufswelt mehr gehabt. Zuerst fiel es mir schwer, mich auf die Arbeit zu konzentrieren. Ich war in Gedanken immer zu Hause. Aber ich hätte keinen Augenblick später in das Berufsleben einsteigen dürfen, denn gerade jetzt war der Zeitpunkt, da alle Arbeitsplätze mit Computern ausgestattet wurden. Ich wurde intensiv geschult. Ich war glücklich. Ich lebte auf. Endlich verdiente ich wieder mein eigenes Geld. Vom ersten Gehalt kaufte ich sofort meinen Kindern etwas zum Anziehen und Spielsachen. Sie hatten es nicht wirklich nötig, wurden wir doch von Freunden und Familie mit Geschenken überhäuft. Aber es war mir ein Bedürfnis, meinen Kinder selbst einmal etwas zu kaufen.

Als Amer von meiner Berufstätigkeit erfuhr, wurden sofort die Unterhaltszahlungen wieder gekürzt. Ich hätte es sehr begrüßt, wenn dieses leidige Thema endlich vom Tisch gewesen wäre und die Anwälte sich endlich um die Scheidung gekümmert hätten.

Aber trotzdem kam Amer nach wie vor regelmäßig seine Kinder besuchen. Unsere Treffen verliefen jetzt ziemlich friedlich. Er erzählte mir, daß er eine neue Freundin habe (Gott sei Dank!!!) und viele türkische und marokkanische Freunde, mit denen er sich oft in der Moschee träfe. Was konnte Besseres passieren? Er schien endlich Fuß gefaßt zu haben. Aber es schien nur so, denn er sprach auch oft von seiner tiefen Traurigkeit und daß er sich das Leben nehmen wolle. Einmal wollte er mir das Versprechen abnehmen, mich um seine Mutter zu kümmern, wenn er tot sei.

Als ich diese Reden einfach nicht mehr hören konnte, sagte ich zu ihm: »Weißt du was, du mußt nicht immer nur darüber reden, wenn du dich unbedingt umbringen willst, dann tu es doch endlich!«

Als im Kindergarten der Nikolaus kam, ging Amer mit zu diesem Fest und wurde auch hier als der liebevolle Vater gesehen, den er in der letzten Zeit immer wieder spielte. Weihnachten nahte. Er bat mich, mit ihm in die Stadt zu gehen, er wollte Weihnachtsgeschenke einkaufen. Ich ließ die Kinder in der Obhut meiner Eltern. Wir schlenderten den ganzen Tag durch die Kaufhäuser, um passende Geschenke zu finden. Er suchte sogar ein Geschenk für mich aus. Ich fühlte mich geehrt und lud ihn zum Essen ein. Gutgelaunt kam ich nach Hause und hatte das Gefühl, daß jetzt immer alles besser würde.

Die nächsten Tage und Wochen verliefen friedlich und harmonisch. Wir hatten ein wunderschönes Weihnachtsfest im Kreise der Familie.

Der nächste Karneval stand ins Haus. Ich ging mit den Kindern, meinen Eltern und Nachbarskindern auf die Straße, um den Zug anzuschauen. Ich hatte die Kinder niedlich kostümiert, und sie fingen kiloweise »Kamellen«. Sie waren so ausgelassen und glücklich, und bei ihrem Anblick durchlief mich eine warme Welle des Glücks.

»Wenn doch alles so bleiben könnte, wie es heute ist!« Mehr wollte ich vom Leben nicht. Mit Amer kam ich zur Zeit recht gut aus, ich hatte eine Arbeitsstelle, die Kinder waren glücklich. Ich wollte die Würzelchen, die hier in Widdersdorf begannen zu wachsen, kräftig gießen.

Für den darauffolgenden Donnerstag wurde ich vom Jugendamt zu einem Gespräch gebeten. Was konnten die schon wieder von mir wollen? Ich ging hin und sah im Büro der Dame, die mich schon öfter besucht hatte, Amer sitzen. Was war los? Was wollten die beiden von mir? Es stelle sich heraus, daß er, obwohl er den Richterspruch über das Sorgerecht kannte, bei der Fürsorgerin versuchte, daß sie auf mich einwirkte, ihm die Kinder zu überlassen. Auch sie kannte die Rechtslage. Es war nicht nötig, daß ich viel sprach. Sehr freundlich und ruhig redete sie auf ihn ein und erklärte ihm, daß die Kinder doch noch viel zu klein seien, als daß sie auch nur eine Nacht von zu Hause wegblieben. Ob er denn schon einmal Windeln gewechselt habe? Oder ob er wisse, was die Kinder denn so essen? Wie er sich die Beaufsichtigung der Kinder vorstelle, wenn er den ganzen Tag zur Arbeit ginge? Da antwortete er doch allen Ernstes, daß er seine Mutter aus Ägypten holen wolle, die sich dann um die Kinder kümmere.

Ich lachte nicht laut, nein, das traute ich mich nicht. Aber vor meinem inneren Auge erschien der zwei Zentner schwere Fleischberg, der bei mir in Assuan nicht einmal durch die Tür paßte und sich nach fünf Metern ausruhen mußte, weil er außer Atem war. Die Mutter sollte bei Amer auf der vierten Etage wohnen und die Zwillinge versorgen? Ich wollte Amer auf gar keinen Fall reizen, ich war bestrebt, die Harmonie der letzten Wochen aufrechtzuerhalten und versprach ihm, die Sache zu überdenken, wenn die Kinder älter seien. Vielleicht würden sie ja dann selbst den Wunsch äußern, zum Vater gehen oder gar bei ihm wohnen zu wollen. Er sagte nicht mehr viel. Wir verabschiedeten uns draußen vor dem Jugendamt.

»Wir sehen uns dann am Sonntag.«

»Ja, tschüs dann, ich komme um drei Uhr, wie immer.«

21. Februar 1988

Am Sonntag klingelte kurz vor drei Uhr das Telefon. Amer sagte, er würde sich verspäten, vor vier Uhr könne er nicht da sein. Okay, kein Problem.

Er kam pünktlich um vier. Fatima hatte keine Zeit, ihren Vater zu begrüßen, denn sie schaute gerade eine Kindersendung im Fernsehen an. Ich mußte sie mehrere Male eindringlich bitten zu kommen, da Amer es nicht duldete, daß sich die Kinder oben bei den Großeltern aufhielten während seiner Besuche.

Heute war zum Schutz nur mein Vater da. Meine Mutter war zu ihrer Mutter gefahren, die in einem Altersheim im Sterben lag... Aber an die Notwendigkeit einer Schutzfunktion meiner Eltern dachte ich schon lange nicht mehr. Es hat doch alles so wunderbar geklappt in der letzten Zeit...

Wir gingen also hinunter ins Kinderzimmer, wo die Zwillinge spielten. Mit lautem Hallo wurde der Vater von den Kleinen begrüßt, der seine berühmte Tüte mit den Süßigkeiten hervorholte. Gregor rief laut und ausgelassen: »Melle, Melle.« Er hatte gerade vor ein paar Tagen das Wort »Kamellen« im Karneval gelernt. Während Amer seine Süßigkeiten auspackte, sagte er zu mir: »Ich habe wieder von deinem Rechtsanwalt einen Brief bekommen. Du willst schon wieder mehr Geld haben.«

Da mein Rechtsanwalt mir immer nur Kopien von seinen Briefen schickte und ich oft erst viel später erfuhr, was er geschrieben hatte, so hatte ich auch diesmal keine Ahnung, was in seinem Brief stand.

»Was für ein Brief, was steht denn drin?«

Nun wurde Amer laut. »Erzähl mir nicht, daß du nicht weißt, was in diesem Brief steht, du steckst doch mit diesem Typ unter einer Decke, ihr wollt mich fertigmachen!!«

Fatima stand vor uns und schaute uns mit schreckgeweiteten Augen an.

Da sagte ich zu ihm so ruhig, wie es meine Erregung zuließ: »Weißt du was, wenn du dich mit mir streiten willst, bitte schön, aber nicht hier vor den Kindern.«

Ich verließ das Kinderzimmer und ging hinauf ins Wohnzimmer zu meinem Vater. Amer rief noch etwas hinter mir her, was ich aber nicht mehr verstand. Mein Vater saß in seinem Sessel und las Zeitung. Er hatte von unserem Streitgespräch nichts mitbekommen. Mit vor Ärger zitternden Händen zündete ich mir eine Zigarette an.

Plötzlich hörte ich einen Luftballon zerplatzen und dann wieder einen. Komisch, unten waren doch gar keine Luftballons! Ein dumpfer Aufprall, noch ein Luftballon, Gregor schrie laut auf und hörte aber abrupt wieder auf, wieder ein Luftballon. Ich stürzte die Treppe hinunter, und immer wieder hörte ich diese Luftballons knallen. Als ich nach wenigen Sekunden im Kinderzimmer war, bot sich mir ein Bild des Grauens. Die Kinder lagen auf dem Boden in Blutlachen, Amer zeigte mit seiner Hand in meine Richtung und fiel dann zu Boden. Es dauerte, bis mein Gehirn erfaßte, was passiert war. Sie waren alle tot! Ich schrie, lief schreiend die Treppe hinauf, schrie und schrie, lief in meiner Panik aus dem Haus hinaus, schrie immer weiter, kam wieder in das Haus zurück, lief wieder hinunter, die Kinder lagen immer noch da, die

Blutlachen wurden immer größer, ich ging näher heran, alle waren tot! Schreiend lief ich wieder nach oben. Die Haustür stand offen, und Nachbarn kamen ins Haus gestürzt. Die Nachbarin hielt mich fest, ich wollte wieder nach unten, ich mußte doch meinen Kindern helfen! Ich rang mit ihr, aber sie ließ nicht los. Plötzlich waren Polizisten im Haus. Eine Polizistin mit langem blonden Pferdeschwanz stürzte sich auf uns und befreite mich aus den Armen der Nachbarin.

Ich hörte immer wieder Polizeisirenen, immer mehr Polizisten kamen ins Haus. Man brachte meinen Vater tränenüberströmt nach Hause. Wo war er gewesen? Bei seinem Anblick verstummte ich, wurde eisig und ganz ruhig. Die Polizistin konnte mich loslassen, und mir wurden Fragen gestellt.

»Wie viele Schüsse haben Sie gehört?«
»Wer sind die Kinder?«
»Wer ist der Mann?«

Es kamen Feuerwehrleute, Leute in weißen Kitteln, Polizisten drängten Reporter mit Kameras von der Tür weg. Ein großer, kräftiger Polizist führte meinen Vater und mich in das Schlafzimmer meines Vater und schloß hinter uns die Tür ab. Ich war allein mit meinem Vater. Mein Vater weinte. Ich versuchte, ihn zu trösten. Warum waren wir in diesem Zimmer eingesperrt? Ich wollte hinaus und fand die Tür versperrt. Der Riesenpolizist öffnete und vertrat mir den Weg. Ich wollte wenigstens meine Zigaretten haben! Ich stritt mit dem Polizisten um meine Zigaretten, und unten lagen meine Kinder und waren tot! Als man uns wieder hinausließ, stand Thomas im Flur, und meine Mutter war auch wieder da. Wir durften uns nun ins Wohnzimmer setzen, und ich sah, daß immer mehr fremde Menschen unser Haus füllten. Ich hörte fremde Stimmen vom Kinderzimmer heraufklingen. Leute, die dort unten ihre Arbeit taten, unterhielten sich fröhlich. Jemand lachte sogar. Ein Hubschrauber kreiste über unserem Haus, Krankenwagen fuhren vor. Die Polizisten stellten mir wieder Fragen nach den Kindern, deren Namen, nach dem Tathergang, welches Kind wo lag, als ich sie habe liegen sehen. Hatte Amer auch auf mich geschossen? Sanitäter brachten eine Trage heraus. Ein kleiner Mann stellte sich als Staatsanwalt vor. Was wollte der denn hier? Eine weitere Trage wurde herausgebracht.

Ein Polizist sagte tatsächlich zu mir: »Ihr Mann ist tot, wo soll seine Leiche hin?«

Ich lachte hysterisch auf: »Werfen Sie ihn doch auf den Müll!«

Mein Bruder Bruno war nun auch gekommen. Wortlos saßen wir im Wohnzimmer.

Einer der Kriminalbeamten sagte zu mir: »Wir können es Ihnen leider nicht ersparen, aber Sie müssen mit uns aufs Präsidium kommen, damit Sie Ihre Aussage machen können. Fühlen Sie sich dazu in der Lage?«

Natürlich fühlte ich mich dazu in der Lage. Bruno kam mit mir. Wir verließen das Haus. Eine Menschenmenge stand gaffend in der Nähe unseres Hauses. Blitzlichter zuckten auf. Die Polizisten fuhren mit uns in waghalsigem Tempo durch die Kölner Innenstadt zum Polizeipräsidium. Dort brachte man uns in einen kleinen kahlen Raum, wo nur ein Tisch mit einer Schreibmaschine und zwei Stühle standen. Ein Mann hinter der Schreibmaschine stellte mir viele Fragen, die ich beantwortete. Das Telefon klingelte.

Der Mann hörte eine Weile zu, hängte ein und sagte zu mir: »Also, Gregor ist tot, Fatima ist in der Kölner Universitätsklinik, und Gloria hat man in die Bonner Universitätsklinik gebracht.«

Er fuhr mit seinen Fragen fort. Mein Bruder saß stumm in einer Ecke. Plötzlich wurde mir sehr kalt. Ich begann zu zittern und bemerkte auf einmal, daß meine Hose naß war. Ich hatte in die Hose gemacht!!! Mein Zittern wurde stärker, meine Zähne klapperten, ich konnte nicht mehr sprechen, der Stuhl und der Tisch zitterten mit mir. Der Mann griff zum Telefon. Befragte mich weiter. Ich klapperte. Die Tür öffnete sich, und zwei Sanitäter kamen herein.

Einer schaute mich an und sagte dann zu dem Beamten an der Schreibmaschine: »Die Frau hat einen Schock. Eine Beruhigungsspritze reicht da nicht, sie muß ins Krankenhaus.«

»Was meinen Sie«, fragte der Schreibmaschinenmann, »halten Sie noch durch?«

»Natürlich halte ich durch.«

»Wir sind ja auch jetzt gleich fertig.«

Kurz darauf beendete er meine Befragung. Ich unterschrieb dieses Papier mit Fingern, die mir nicht gehorchten.

Mein Bruder und ich wurden auf den Flur hinausgebracht, wo der Mann plötzlich stehenblieb und sagte: »Ach, wir können ja gar nicht raus. Oben belagern die Reporter den Ausgang und warten auf Sie. Wir müssen noch ein wenig bleiben. Um neun Uhr haben die alle Redaktionsschluß, und dann verschwinden sie schon.«

Wir standen auf dem Flur, mein Bruder unterhielt sich höflich mit dem Beamten über Belanglosigkeiten, und ich stand zitternd daneben, als ob ich nicht dazugehörte.

Wieder zu Hause, sah ich immer noch Polizeiautos vor unserer Haustür stehen. Aber die Menschenmenge hatte sich aufgelöst. Meine Familie saß noch immer im Wohnzimmer. Wir setzten uns dazu. Ich hörte schwere Schritte auf der Kellertreppe.

Meine Mutter sagte: »Dreh dich jetzt nicht um.«

Ich drehte mich um und sah, daß man einen flachen grauen Blechsarg hinaustrug. Trug man Amer hinaus? Nun, da ich hier ruhig saß, mußte ich zum erstenmal weinen. Mein Vater schüttete mir einen dreifachen Cognac ein, den ich gierig hinunterkippte.

Meine Mutter sagte aber: »Sei vorsichtig mit dem Alkohol, das ist nicht gut.«

Dr. Zitz, der im Nachbarhaus seine Arztpraxis hatte, erschien im Wohnzimmer mit seiner Arzttasche. Er kam auf mich zu, reichte mir die Hand und sagte: »Mein herzliches Beileid.«

Ich lachte laut auf. So etwas Albernes hatte ich noch nie gehört! Dann gab er mir eine Spritze, und während er spritzte, mußte ich lachen und lachen und lachen.

Ich hörte nur noch, wie meine Mutter zum Arzt sagte: »Hören Sie besser auf, das scheint zuviel zu sein.«

Danach

Meine Brüder gingen nach Hause. Ich blieb mit meinen Eltern alleine. Sie brachten mich zu Bett, und meine Mutter legte sich zu mir, damit ich nicht alleine war. Mitten in der Nacht wurde ich wach. Und ehe mir einfiel, was passiert war, gab mir meine Mutter eine der Pillen, die der Arzt dagelassen hatte, und mein Vater brachte mir dazu eine Flasche Bier.

Am nächsten Morgen weckte mich meine Mutter.

»Gabi, steh auf, du mußt mal ans Telefon kommen, die Uniklinik will mit dir sprechen.«

Ich wußte zuerst gar nicht, wo ich war, und glaubte noch zu träumen. Ich stand verwirrt auf und stürzte hinaus. Im Wohnzimmer saßen viele fremde Menschen. Ich griff nach dem Hörer. Auf dem Tisch lagen die Tageszeitungen, und Fatimas und Amers Bild schauten mir entgegen.

»Guten Morgen, spreche ich mit Frau Ragab?«

»Ja.«

»Sind Sie die Mutter von Fatima?«

»Ja.«

»Ja, es ist so, ja wissen Sie, das EEG läuft aus, sind Sie mit einer Organspende einverstanden?«

»Wieso? Ach, ja, natürlich.«

»Dann müssen Sie aber sofort kommen und die Einverständniserklärung unterschreiben.«

Da ich lange im Krankenhaus gearbeitet hatte, wußte ich natürlich, was dieser Ausdruck »das EEG läuft aus« bedeutet: Hirntod. Wie mögen wohl diese akademischen Barbaren den Tod eines Angehörigen den Leuten mitteilen, die das nicht sofort verstehen? Ich zog mich in Windeseile an. Festzustellen, wer da alles im Wohnzimmer saß, hatte ich keine Zeit, und es interessierte mich auch nicht. Meine Mutter gab mir noch schnell eine von Dr. Zitzs Pillen. Mein Onkel Jakob fuhr mich zur Neurochirurgie in die Universitätsklinik, und Thomas kam mit uns.

Auf der Intensivstation wurden wir zuerst von einer Person in Grün durch die sterile Schleuse geschickt, damit wir uns umziehen konnten. Sodann ließ man uns lange Zeit warten. Endlich öffnete sich eine Tür, und wir standen vor einem Bett, das mit Vorhängen vom Rest des Raumes abgetrennt war. Im Bett lag Fatima. Sie schlief. Sie trug ein weißes Stirnband, über das ihre schwarzen Haare fielen. Ich nahm ihre Hand. Aber die Hand war kalt. Ich berührte ihr Gesicht. Auch das Gesicht war eiskalt. Sie schlief nicht, sie war tot. Ich wandte mich abrupt ab, ich wollte hier raus. Im Umdrehen prallte ich auf meinen Bruder, der hinter mir stand, ihm rannen die Tränen übers Gesicht. Mir nicht. Nichts wie weg hier!! Vom Krankenhauspersonal war niemand zu sehen. Die automatische Tür öffnete sich, und wir waren wieder draußen.

An den Ablauf der folgenden Tage habe ich kaum eine Erinnerung. Vielleicht ist die Natur so gnädig und läßt vergessen, vielleicht liegt es daran, daß ich vollgestopft wurde mit Beruhigungspillen, Schlaftabletten und Alkohol. Ich erlebte alles wie hinter einem Schleier und wie im Traum. Ich meinte, immerzu gleich aufwachen zu dürfen, und dann sei der Alptraum vorbei.

Nachdem ich von Fatimas Totenbett zurückgekehrt war,

fuhren meine Mutter, Thomas und ich nach Bonn in die Neurochirurgische Uniklinik. Hier war das Personal nicht nur zu sehen, es sprach sogar mit uns. Man half uns beim Umziehen, sie gingen mit zu Glorias Bett. Gloria trug auch einen Kopfverband, und aus Mund und Nase kamen Atem- und Ernährungschläuche. Aber Gloria fühlte sich warm an! Sie lebte!

Zu Hause kümmerte sich Onkel Jakob um die Beerdigungsvorbereitungen. Ich wäre dazu nicht in der Lage gewesen. Meine Eltern wohl auch nicht. Es dauerte einige Tage, bis die Gerichtsmedizin die Leichen meiner Kinder zur Beerdigung freigab.

Einige Tage nach dem Tod meiner Kinder tauchte der Pfarrer auf. Er sprach mir sein Beileid aus. Ich fragte ihn, was er von mir wolle, da ich doch nicht katholisch sei. Es tat ihm leid, daß er die Kinder damals nicht hatte taufen wollen. Nun versprach er, daß sie eine schöne Beerdigung in seiner Kirche haben sollten. Welch eine Ehre! Die ungetauften Heidenkinder sollten eine katholische Beerdigung bekommen??!!...

Die Beerdigung war enorm. Ich ließ mir vorher von meiner Hausärztin vorsorglich noch eine ordentliche Spritze mit Valium geben, damit ich alles gut überstünde. Die kleine Dorfkirche war zum Bersten voll. Freunde, Familie, Nachbarn, Kindergartenkinder mit Eltern, Kollegen und die komplette Firmenleitung der Firma, wo Amer und mein Vater arbeiteten – und natürlich wieder Reporter. Der Pfarrer hielt sein Versprechen und hielt nicht nur eine Trauerfeier, sondern eine ganze Messe, ein komplettes Requiem, ab. Sogar die Orgel spielte. Beim Klang der Orgel, und hier vor den zwei kleinen weißen Särgen, umgeben von einem Meer aus Blumen und Kränzen, mußte ich zum ersten Mal seit Tagen weinen.

Auf dem kleinen Friedhof war es schwarz vor Menschen. Es war fast kein Durchkommen. Der Pfarrer stand vor den

Löchern, in die meine Kinder in ihren Särgen versenkt werden sollten und redete für mich unverständliches Zeug. Ich ertrug es nicht, daß mir die Leute nach der Beerdigung kondolieren wollten. Ich wollte keinen Menschen mehr sehen und mit niemandem sprechen. Mein Vater ging mit der Familie und Freunden nach Hause zurück, und ein Fahrer aus Vaters Firma brachte meine Mutter und mich im Firmenwagen nach Bonn zu Gloria. Was sollte ich zu Hause bei all diesen Leuten? Lieber fuhr ich zu Gloria, sie brauchte mich jetzt. Sie war das einzige, was mir geblieben war.

Gloria

Bei meinem ersten Besuch im Krankenhaus erklärte mir der Arzt, daß Gloria »einen glatten Durchschuß« habe. Amer hatte die Pistole an ihrer rechten Schläfe angesetzt, abgedrückt, und die Kugel trat an der linken Schläfenseite wieder aus. Man konnte nur ihre Wunden versorgen und auf Heilung warten.

Nach drei Tagen schon konnte man Gloria vom Beatmungsgerät abschalten, sie atmete wieder alleine! Ich war voller Hoffnung, daß nun alles wieder gut würde. Nach weiteren drei Tagen konnte sie auf die Normalstation verlegt werden, weil sie keine Intensivpflege mehr brauchte. Ich fuhr jeden Tag zu ihr, oft zusammen mit meiner Mutter, manchmal kam auch mein Vater mit. Aber ich saß hilflos an ihrem Bett!

Die Aussagen der Ärzte über ihren Zustand widersprachen sich so, daß ich gar nicht wußte, wem ich glauben sollte. Einmal sagte man mir, sie läge im Koma, würde aber bald wieder erwachen und lauthals nach mir verlangen. Ein anderes Mal hieß es, sie läge im Wachkoma, daraus würde sie nie wieder erwachen. Sie bekam Krampfanfälle und weinte viel. Konnte sie mich hören, wenn ich mit ihr sprach? Verfolgte sie mich mit den Augen, wenn ich mich über sie beugte? Spürte sie meine Hände, wenn ich sie berührte? Sie reagierte überhaupt nicht. Die Augen schauten immer leer in dieselbe Richtung.

Die Besuchszeiten in dieser Klinik waren streng geregelt, so daß ich auf eine Verlegung nach Köln drängte. Aus der Zeit, als meine Mutter und ich in der Uniklinik arbeiteten, kannten wir Prof. Gladtke von der Kinderklinik sehr gut. Mit ihm setzte sich meine Mutter in Verbindung. Er gestattete, daß wir Gloria zu ihm in die Klinik verlegen durften. Bei der ersten Untersuchung, die er an ihr durchführte, schlug er die Hände über dem Kopf zusammen. Sie hatte immer noch Krampfanfälle und hatte an allen Gliedmaßen starke Verkrampfungen. Nun stellte mir Prof. Gladtke freundlicherweise ein Einzelzimmer zur Verfügung, das eigentlich für seine Privatpatienten vorgesehen war.

Nach weiteren gründlichen Untersuchungen eröffnete man mir, daß Gloria blind sei. Schaute sie deshalb immer nur in eine Richtung? Ein Neurochirurg stellte fest, daß Gloria einen Wasserkopf entwickelte. Verirrte Knochensplitter ließen die Gehirnflüssigkeit nicht mehr abfließen. Sie wurde operiert, man legte ihr eine Drainage, damit die Flüssigkeit abfließen konnte. Ich wartete die ganze Nacht zu Hause neben dem Telefon, bis der Anruf kam, daß Gloria die Operation gut überstanden habe.

Nach zwei Wochen entschloß ich mich, wieder zur Arbeit zu gehen. Es waren nur ein paar Stunden am Vormittag, aber es half mir, meine Gedanken in eine andere Richtung zu bringen. Ich konnte nun immer, wann ich wollte, zu meinem Kind. Morgens früh ging häufig meine Mutter zu Gloria, und wenn ich mittags von der Arbeit kam, löste ich sie ab und blieb bis abends spät. Daß ich dort übernachte, wollten die Schwestern mir nicht gestatten.

Gloria mußte künstlich ernährt werden. Ich lernte schnell, wie ich mein Kind auf diese Art »füttern« mußte. Ich übernahm auch die übrige Pflege. Die Drainage, die gelegt worden war, funktionierte nicht. Sie war bald verstopft durch die losen kleinen Knochensplitter, und nun begann eine Serie von Operationen, die immer nur kurze Zeit Erfolg hatten. Mein armes Kind wurde insgesamt siebenmal operiert. Einmal wollte ich die Einwilligung zur Operation nicht unterschreiben, weil ich ihrem Leiden ein Ende bereiten wollte. Aber ich habe das Leiden damit nur verlängert, denn mit steigendem Hirndruck mußte sie schreckliche Schmerzen leiden. Sie weinte viel. Sie jammerte und winselte, so daß ich oft der Verzweiflung nahe war. Ich konnte ihr nicht helfen. Sie ließ sich nicht von mir beruhigen. Wußte sie überhaupt, daß ich bei ihr war? Hörte sie mich? Die Schmerzmedikamente wollte man nicht beliebig erhöhen. Ich litt mit meinem Kind.

Aber meine Leiden waren auch anderer Natur. Ich war schrecklich allein. Ich war von allen verlassen. Außer meinen Eltern, meinen Geschwistern, meiner Schwägerin Brigitte und vereinzelten Bekannten meiner Eltern ließ sich niemand während der folgenden zwei Monate im Krankenhaus blicken. Ich saß dort stunden- und tage- und wochenlang ganz alleine in diesem Einzelzimmer mit meinem leidenden sterbenskranken Kind, dem ich nicht helfen konnte. Niemand kam. Niemand wollte wissen, wie es dem Kind ging oder gar mir. Freunde, die im selben Gebäude arbeiteten, fanden keine einzige Minute, einmal hereinzuschauen. Ich haderte mit dem Schicksal! Nach allem, was mir passiert war, wurde ich nun zusätzlich bestraft, indem man mich hier alleine ließ!

Ich hätte in jener Zeit um meine verlorenen Kinder trauern sollen. Ich war aber zu beschäftigt mit Gloria und den daraus resultierenden Problemen, und ich fühlte auch keine Trauer. In mir waren nur Haß und Wut auf das ungerechte Leben und auf die Freunde, die ich glaubte, gehabt zu haben.

Einem jungen Arzt gegenüber erwähnte ich, daß ich, wenn

es Gloria jetzt bald besser ginge, sie sofort mit nach Hause nehmen würde.

Er sagte mir überheblich: »Wie wollen Sie das denn machen? Bei der Gloria ist das Stammhirn verletzt, da ist nur noch soviel übrig wie bei einem Insekt.«

Das war wirklich unfaßbar! Auf diese Art die Wahrheit über den wahren Zustand meiner Tochter zu erfahren, hätte ich mir nicht träumen lassen. Mein Haß auf meine Mitmenschen wurde immer größer!

Aber es gab tatsächlich auch Menschen, denen ich offensichtlich nicht egal war. Oder die sich wenigstens die Mühe machten, mich anzuschauen.

Prof. Gladtke kam eines Morgens zur Visite, schaute sich Gloria an, und dann sah er mich an und sagte: »Sie kommen gleich mal zu mir ins Büro.«

Was wollte er von mir?

»Nehmen Sie bitte Platz. Wie hoch ist eigentlich die Dosis Ihrer Beruhigungsmittel?« wollte er wissen.

»Woher wissen Sie denn, daß ich welche nehme?«

»Frau Ragab«, sagte er, »ich bin zwar nur Kinderarzt, aber ich sehe auch bei Erwachsenen, wenn etwas nicht stimmt. Sie haben ein absolut maskenhaftes Gesicht, und außerdem sehe ich an Ihrem Verhalten, daß Sie ruhiggestellt sind.«

Er riet mir, sofort damit aufzuhören, damit ich nicht in die Abhängigkeit rutsche und bot an, sich für mich einzusetzen, wenn ich Hilfe brauchte. Es tat mir unendlich gut, daß hier einmal ein Mensch war, der sich um mich Gedanken machte. Ich versuchte nun ernsthaft, die Beruhigungspillen tagsüber nicht mehr zu nehmen. Meine Abhängigkeit war schon so weit, daß ich mit heftigen Kopfschmerzattacken darauf reagierte, wenn ich sie nicht nahm.

Am Donnerstag, dem 28. April, wurde Gloria zum letzten Mal operiert. Als sie aus der Narkose erwachte, war sie unruhig und schlug mit dem Kopf und den Armen hin und her. Das war ungewöhnlich, weil sie sich sonst kaum bewegte. Sie wimmerte, stöhnte und winselte, so daß ich immer wieder die Schwestern rufen mußte, damit sie ihr Schmerzmittel gäben. Ich bestand darauf, die Dosis der Schmerzmittel zu erhöhen, ich konnte es einfach nicht mehr ertragen, mein Kind so leiden zu sehen. Es war zuviel!

Am nächsten Tag stellte ich fest, daß ihr Körper nichts mehr verdaute. Die Mahlzeit vom Vortag war noch komplett in ihrem Magen. Sie hatte hohes Fieber, hohen Blutdruck und war sehr unruhig. Ich war verzweifelt, was sollte ich tun? Ich wollte abends nicht nach Hause gehen, ich konnte sie so nicht über Nacht alleine lassen. Aber die Schwestern zwangen mich zu gehen, damit ich mich ausruhte. Ich war ihnen wohl lästig. Würden sie sich auch gut um Gloria kümmern, so daß sie nicht leiden mußte? Ich konnte in dieser Nacht nicht schlafen.

Eigentlich war verabredet, daß meine Mutter frühmorgens ins Krankenhaus fuhr, damit ich ausschlafen konnte, und ich sollte sie dann später ablösen. Aber das konnte ich heute nicht tun. Bereits um sieben Uhr war ich in der Klinik. Glorias Zustand war unverändert. Nur daß sie heute auch Atembeschwerden hatte. Um neun Uhr machte Prof. Gladtke seine Visite, und als er an Glorias Bett kam, machte er nur stumm eine wegwerfende Handbewegung und verließ wortlos das Krankenzimmer.

Um elf Uhr kam meine Mutter zur Ablösung. Sie sagte, ich solle nach Hause fahren, der Vater warte mit dem Essen. Ich konnte doch jetzt nicht an Essen denken, meinem Kind ging es so schlecht, immer schlechter. Was sollte die Handbewegung von Prof. Gladtke? Was sollte das seltsame Verhalten des Professors? Er war doch sonst immer so nett. Sollte das etwa bedeuten, daß es mit ihr zu Ende ging? Nein, das konnte nicht sein, das durfte nicht sein! Gloria war das einzige Kind, das mir geblieben war, ich mußte sie behalten! Ich hätte alles dafür getan, daß sie am Leben blieb. Selbst wenn sie schwerbehindert geblieben wäre, und das stand ja jetzt fest, mir war alles egal, Hauptsache, sie lebte. Aber ich war hilflos und machtlos.

Ich rief meinen Vater an und sagte, ich könne jetzt nicht zum Essen kommen. Ich müßte bei Gloria bleiben. Es sähe nicht gut aus. Zwei Stunden später war mein Vater da. Er war mit Bus und Bahn quer durch die Stadt gefahren, um zu sehen, was mit Gloria los war, und warum wir nicht nach Hause kommen konnten. Und er kam nicht zu spät.

Gloria hatte aufgehört, so heftig zu atmen. Ihr Atem wurde schwächer und flacher.

»Gloria, mein Liebchen, du mußt durchhalten, du mußt weiteratmen, los.«

Aber sie lag jetzt ganz still. Der Brustkorb bewegte sich kaum noch. Ich hörte ihren Atem nur noch ganz leise. Er wurde immer leiser, immer schwächer, dann seufzte sie noch einmal tief und hörte ganz auf zu atmen.

»Ja, mein Schätzchen, du hast es geschafft, jetzt ist es vorbei.«

Gabi

Die Schwestern kamen und befreiten Gloria von ihren Schläuchen. Sie richteten sie unter Tränen her und falteten ihre Hände. Warum weinten die Schwestern? Es war doch mein Kind! Ich hätte weinen sollen. Ich brauchte ja auch nicht zu weinen.

Gloria war ihnen während unseres zweimonatigen Aufenthaltes ans Herz gewachsen.

Selbst die junge Stationsärztin war verlegen und unsicher: »Immer, wenn ich Dienst habe, sterben mir die Kinder.«

Dann verabschiedete sie sich von mir und bot mir ihre Hilfe an, wenn ich sie nötig hätte.

Meine Eltern stiegen in ihr Auto und ich in meines. Mein Vater empfahl mir (wieso habe ich das so gut im Gedächtnis behalten?): »Fahr nicht über die Militärringstraße am Fußballstadion vorbei. Heute gibt es ein Fußballspiel des I. FC Köln, und da ist kein Durchkommen.«

Wir kamen zu Hause an, und mein Vater kochte Kaffee. Während wir wortlos vor unseren Kaffeetassen saßen, klingelte es. Die Freundin, die auch in der Uniklinik arbeitete und nie den Weg zu mir ins Krankenzimmer gefunden hatte, wollte meine Eltern besuchen.

»Wieso seid ihr denn alle hier, wie kommt's?«

»Gloria ist eben gestorben.«

»Ach ja, tut mir aber leid. Ging es schnell? Oder hat sie noch gelitten?«

Sie bekam auch einen Kaffee angeboten, und es klingelte wieder. Roni kam.

»Was ist denn hier los? Gabi, wieso bist du da?«

»Gloria ist vorhin gestorben, ich brauche nicht mehr in der Klinik zu sein.«

»Tut mir aber leid. War vielleicht besser so.«

Dieses »war vielleicht besser so« bekam ich in den nächsten Tagen noch so oft zu hören, daß mich die blanke Wut packte. Wieso war es besser so? Besser wäre es gewesen, wenn Gloria am Leben geblieben wäre. Ich hatte all meine Hoffnung in dieses letzte Kind gelegt, das mir geblieben war, und nun war mir die allerletzte Hoffnung geraubt worden, und man sagte zu mir: »War vielleicht besser so.«

Da ich vor Schmerz, Trauer und Wut stumm und wortlos blieb und mit mir kein Gespräch möglich war, entspann sich gezwungenermaßen unter den Gästen und meinen Eltern eine Unterhaltung, der ich nicht folgen konnte. Es konnte einfach nicht wahr sein! Vor zwei Stunden war mein Kind gestorben, ich fühlte mich, als wenn man mir das Herz aus der Brust gerissen hätte, und da saßen sie hier und erzählten sich was vom Fußball und Verkehrschaos. Ich konnte es nicht mehr ertragen und verließ wortlos den Raum und ging zu Bett.

Als ich am nächsten Morgen erwachte, fiel mir zum ersten Mal seit dem 21. Februar auf, was es heißt, daß alle Kinder weg sind. Ich war noch gar nicht dazu gekommen, Fatima und Gregor richtig zu vermissen und zu betrauern. Gleich vom ersten Tag an war ich ständig bei Gloria im Krankenhaus, dann war die Beerdigung, und nach zwei Wochen bin ich auch schon wieder zur Arbeit gegangen und hatte viel mit Behörden zu kämpfen.

Nun war Sonntag morgen. Ich hatte nichts zu tun. Kein Kind war mehr da, Totenstille im Haus. Niemand brauchte mich mehr! Niemand rief nach mir. In meiner Verzweiflung stürzte ich mich ins Badezimmer und schrubbte die Kacheln wie eine Wahnsinnige. Um die Mittagszeit hielt ich es im Haus nicht mehr aus. Ich mußte hier raus. Aber wohin?

Ich ging zu einer Nachbarin, mit der ich mich in letzter Zeit angefreundet hatte.

Sie umarmte mich kurz, als sie erfuhr, daß Gloria gestorben war und sagte dann: »Du, entschuldige mich, wir sind heute abend eingeladen, und ich muß mir noch meine Haare machen.«

Ich verabschiedete mich sehr schnell, setzte mich ins Auto und fuhr kreuz und quer durch die Stadt. Wo sollte ich hin? Was sollte ich tun? Ich fühlte mich so einsam und verlassen von Gott und der Welt.

»Am besten fahre ich einfach gegen den nächsten Baum!« Aber ich fuhr zu meiner langjährigen Freundin Charlotte. Die Familie saß vor dem Fernseher, und sie war in der Küche und schälte Spargel.

»Na, das ist ja schön, daß du mal vorbeikommst. Aber sag mal, bist du nicht sonst um diese Zeit im Krankenhaus bei Gloria?«

»Gloria ist gestern gestorben.«

»Ach, das tut mir aber leid.«

Sie hielt nicht einmal beim Spargelschälen inne. Ich konnte dies alles nicht fassen und ging nach Hause.

Nun wußte ich genau, Glorias Tod interessierte niemanden. Wie es mir dabei ging, interessierte noch weniger.

Am Montagmorgen, als ich wieder an meinem Arbeitsplatz erschien, mußte ich wohl meinen Arbeitgebern mitteilen, daß nun das letzte Kind auch gestorben war. Betretenes Schweigen. Betroffene Blicke.

Eine Arzthelferin nahm mich spontan in den Arm und sagte: »Das tut mir aber leid. Wie fühlst du dich denn?«

Das war das erste Mal seit Glorias Tod, daß mich jemand fragte, wie es mir ging. Aber ich war viel zu versteinert, als daß ich etwas über mein Befinden hätte sagen können.

Die Ärztin, die hier zur Zeit ihr Praktikum machte, sagte dann: »Es war sicher besser so.«

Nun war es mit meiner Beherrschung vorbei. Ich schrie sie an, daß sie wohl keine Ahnung hätte, was besser und was schlechter sei, und sie solle gefälligst ihren Mund halten, wenn ihr sonst keine Sprüche einfallen.

Drei Tage später klingelte das Telefon. Ich war alleine zu Hause und hob ab. Es war der Pfarrer.

»Gut, Frau Mörsch, daß ich Sie am Apparat habe. Wissen Sie, ich habe mir Folgendes überlegt. Wir können nicht zweimal so eine großartige Beerdigung veranstalten. Die erste heilige Messe, die wir gefeiert haben, da hatten wir ja Gloria schon mit eingeschlossen. Wir werden diesmal darauf verzichten und bei der Sonntagsmesse ihrer gedenken. Sagen Sie das bitte Ihrer Tochter.«

»Ist nicht nötig, ich habe schon alles verstanden, Herr Pastor. Tun Sie nur, was Sie für richtig halten, wir gehören ja eh nicht zu Ihren Schäflein.«

»Ach, äh, Frau Ragab, das tut mir ja jetzt leid, äh, ich wollte, ich meinte... Auf Wiederhören.«

Er hängte schnell ein, als er bemerkte, daß er meine Stimme mit der meiner Mutter verwechselt hatte. Wieder einmal bekam ich zu hören, wie unwichtig und unbedeutend Glorias Tod war. Dabei war sie doch diejenige, die am meisten gelitten hatte! Dieses unschuldige Kind wird von seinem eigenen Vater erschossen, muß noch zwei Monate unter Höllenqualen weiterleben, und alle finden es nicht mehr so wichtig.

Auch Volker, mein Cousin, machte mir dies deutlich. Zur

jetzigen Beerdigung wollte er seine Kinder mitnehmen, da die »Situation an Dramatik verloren hatte«.

Mich packte wieder die Wut. Gerade begann ich, mir darüber klar zu werden, was überhaupt passiert war. Jetzt in diesen Tagen wurde mir erst richtig bewußt, daß ich alle meine Kinder verloren hatte, ich rutschte langsam in ein tiefes Loch, und er sagte mir: »Die Situation hat an Dramatik verloren.«

Diesmal konnte ich nach der Beerdigung nirgendwohin flüchten. Wohl oder übel mußte ich mit nach Hause. Die Trauergäste wurden bewirtet, und während ich mir die schmatzende Menge anschaute, empfand ich nichts als Haß und Verachtung für alle, wie sie da saßen.

Meine Umgebung ging nun wieder zur Tagesordnung über. Gloria war gut unter der Erde, und das andere Ereignis war ja jetzt schon so lange her. Es kehrte wieder der Alltag ein.

Von Freunden und Bekannten, deren Besuche und Anrufe nun seltener wurden, erhielt ich nur noch einen symbolischen Schulterschlag: »Na, du hältst dich ja prima. Du machst das schon.«

Das war schon allerhand an Aufmerksamkeit, denn ich erlebte nun auch, daß Mitmenschen aus lauter Unsicherheit, wie sie sich mir gegenüber verhalten sollten, den Kontakt ganz abbrachen. Eine Nachbarin, die mir auf der Straße entgegenkam, flüchtete bei meinem Anblick auf die andere Straßenseite, damit sie mich nicht grüßen mußte. Die Kassiererin im Supermarkt, die immer ein freundliches Wort oder ein Bonbon für meine Kinder hatte, hielt den Kopf beim Kassieren gesenkt, damit sie mich nicht anschauen oder gar ansprechen mußte.

... »Du machst das schon!« ...

Nichts machte ich! Ich konnte nicht mehr!

Mir ging es von Tag zu Tag schlechter. Es gab keine Schulter, an der ich mich hätte ausweinen können. Niemanden, bei dem ich mich mal so richtig hätte gehenlassen können, um über alles, was ich auf dem Herzen hatte, zu sprechen. Ich war ganz alleine mit meinem Kummer. Was sollte das alles noch? Wieso bin ich noch auf dieser Welt? Warum mußte ich weiterleben, wenn meine Kinder nicht mehr hier waren? Wieso hat Amer mich nicht auch erschossen? Warum hat mich seine Kugel nicht getroffen? Wie kann ich hier in dieser Welt sein, wenn meine Kinder in einer anderen sind? Ich mußte zu meinen Kindern, ich wollte sein, wo sie waren.

»Jetzt mache ich Schluß.«

Mitten in der Nacht stand ich auf, rannte in die Küche, holte ein Küchenmesser und schnitt mir tief damit ins Handgelenk. Der scharfe Schmerz ließ mich zur Besinnung kommen. Ich verband meine Wunde und nahm noch ein paar von den Beruhigungspillen. Dazu schüttete ich mir ein riesiges Glas Cognac ein und ging zurück ins Bett.

Am nächsten Tag beschloß ich, mir professionelle Hilfe zu suchen. Ich entschloß mich, einen Psychologen/Therapeuten aufzusuchen. Doch die Sitzungen bei diesem Psychologen waren für mich die reinste Qual. Dieser Mensch sagte nichts. Er wollte, daß ich erzähle. Ich konnte nicht. Hätte er mich doch wenigstens etwas gefragt, dann wäre es leichter gewesen. Ich riß mir zwei Fingernägel ab, im Fuß hatte ich einen Krampf, der Schweiß rann mir den Rücken herunter. Was machte ich hier bei diesem Arzt? Warum sagte er nichts? Warum ließ er mich so zappeln? Glaubte er mir nicht? Hielt er mich für verrückt? Das Eis brach erst, als er mir nun auch Beruhigungstabletten verschreiben wollte und ich diese ablehnte. Ich sagte ihm, er könne seine Pillen behalten, davon hätte ich genug zu Hause, deshalb sei ich nicht gekommen. Nun zeigte er sich etwas entgegenkommender. Nun konnte ich ihm endlich sagen, daß ich immer wieder an

Selbstmord dachte, daß ich nicht mit meiner Situation zurechtkomme und nicht mehr ein noch aus wisse. Viele Ratschläge oder Hilfe konnte dieser Mann mir nicht geben. Er wurde von mir überfordert. Er konnte mir nicht helfen. Ich konnte mir nur selbst helfen. Was geschehen war, konnte niemand ungeschehen machen. Ich war ja auch nicht krank, was sollte er bei mir behandeln? Ich brach die Therapie nach wenigen Sitzungen wieder ab. Aber an zwei Ratschläge kann ich mich erinnern, die er mir mit auf den Weg gegeben hat, und viel später habe ich wieder daran denken müssen.

»Es ist durchaus verständlich, daß Sie in Ihrer Situation immer wieder an Selbstmord denken. Aber schieben Sie diesen Gedanken für ein Jahr beiseite. Nach einem Jahr können Sie wieder darüber nachdenken.«

Der andere Ratschlag, den er mir mitgab, war wenig wert. Das war etwas, was ich selbst wußte: Ich sollte meinen Panzer aufbrechen und reden, reden, reden, toben und schreien. Ich sollte alle Leute bombardieren, sie zwingen zuzuhören, damit ich mich befreien konnte. Ich sollte weinen. Aber es kamen keine Tränen. Er hatte gut reden. Mit wem sollte ich denn sprechen? Wer hörte mir denn zu? Freunde und Bekannte waren zur Tagesordnung übergegangen. Alle waren froh, wenn ich sie nicht mit meinen Problemen belästigte. Sie kamen mich gern besuchen, alle waren bemüht, mich abzulenken, mit mir auszugehen und so weiter. Aber reden, nein besser nicht, das war unangenehm, da wußten sie nicht, was sie sagen sollten. Vielleicht habe ich ja auch allen Unrecht getan? Was sollten sie mir auch sagen? Wie sollten sie sich verhalten? Mein Fall war einmalig. Es gab niemanden, dem so etwas schon einmal passiert war. Was konnte man da schon tun? Besser war, das Thema zu meiden.

Da war zum Beispiel meine Freundin Heidi. Sie lud mich zum Essen ein. Sie holte mich ab. Wir fuhren in ein elegantes

Restaurant. Gleich nach der Begrüßung begann sie, mir von ihren Kindern, ihrem Mann, den Eltern, der Arbeit, dem vergangen Urlaub zu erzählen und hielt erst inne mit ihrem Gerede, als sie mich wieder vor der Haustür absetzte. Beim Abschied sagte sie mir: »Ich habe den ganzen Abend geredet. Wie geht es dir denn eigentlich?«

»Danke gut«, sagte ich und stieg aus.

Das war genau das Verhalten, das alle an den Tag legten. Besser nur über Belanglosigkeiten reden und Gabi erst besser gar nicht zu Wort kommen lassen, das ist einfacher! ...

Da nützten alle Ratschläge von allen Ärzten der Welt nichts, mir hörte niemand zu. Und die, die mich versuchten zu trösten, machten dies oft so ungeschickt, daß ich in Wut geriet.

Eine Bekannte sagte mir: »Ich weiß ganz genau, was du durchmachst. Ich habe auch einmal ein Baby verloren.«

Diese dumme Kuh, dachte ich bei mir, was weiß die denn schon? Gut, ihr war einmal ein Kind gestorben, aber sie hatte noch zwei andere, und außerdem hatte sie einen Mann und hätte jederzeit weitere Kinder haben können. Was redet sie nur für einen Unsinn!

Eines Abends im Juni lud mich meine Schwägerin Brigitte zu einer Party ein. Wir saßen an einem Tisch mit fremden Menschen. Meine Schwägerin, die zu dem Zeitpunkt schwanger war, unterhielt sich mit einer Tischnachbarin über Kinder. Die fremde Dame sprach unentwegt davon, wie lästig und wie teuer Kinder wohl seien. Immer stellen sie sich dann ein, wenn man sie so gar nicht brauchen kann. Von den Vätern gäbe es ja keine Unterstützung, und deshalb hatte diese Frau auch bereits zwei Abtreibungen gemacht, weil sie ihre Kinder nicht wollte. Ich saß wie erstarrt zwischen ihnen und mußte mir dieses Gespräch mit anhören. Ich habe alle meine Kinder gewollt, aber man hatte sie mir genommen! Ich hätte alles darum gegeben, sie wiederzubekommen. Ich hätte bei Wasser und Brot gelebt, um es meinen Kindern gutgehen zu lassen, und mußte mir nun hier anhören, daß diese Frau sich zwei Kinder hat »wegmachen lassen«, weil sie ihr zu lästig und zu teuer waren. Das war zuviel! Ich stürzte hinaus und fuhr nach Hause.

All diese Dinge waren nicht dazu angetan, mich aufzubauen, auch wenn meine Schwägerin den allerbesten Willen gehabt hatte. Ich wartete ungeduldig darauf, daß es mir besser ginge. Aber es ging mir eher schlechter. Den Schmerz über den Verlust meiner Kinder spürte ich körperlich. Sie fehlten mir so sehr. Ich war wie ausgehöhlt. Ich war beraubt, amputiert worden. Außerdem war mir die Möglichkeit der Rache genommen. Vielleicht rührte daher mein übermäßiger Zorn? Wo sollte ich hin mit meiner Wut?

Die größte Wut beschlich mich, wenn ich zum Friedhof ging. Es war alles so ungerecht. Ich hätte vor Wut und Zorn die Grabsteine umtreten mögen. Benimmt sich so eine trauernde Mutter? War ich noch normal?

Meine Tröster und meine Helfer in dieser Zeit waren Bücher. Hier fand ich Hilfe. Es gab soviel Material zum Thema Trauer, daß ich bald nur noch las. Aber auch die armen Bücher bekamen meine Aggression zu spüren. Mehr als einmal flog ein Buch gegen die Wand, wenn ich etwas las, das mir nicht gefiel. Manchmal tröstete ich mich mit folgendem Gedanken: Amer wollte mich strafen, indem er mir das Liebste nahm, was ich hatte. Aber was hatte er nun davon? Er war tot, und ich lebte! Und ich nahm mir vor, am Leben zu bleiben und gut zu leben. Ich hatte immer noch meine Teilzeitarbeit in der Kardiologenpraxis, aber ich wußte, daß es nun nicht mehr genug war. Ich hatte zuviel Freizeit, zuviel Gelegenheit nachzudenken.

In diesen ersten Wochen und Monaten war ich kein

freundlicher, zugänglicher Mensch. Ich war viel zu sehr mit mir selbst und mit dem nackten Überleben beschäftigt, als daß ich ein soziales Wesen hätte sein können.

Eines Tages ordnete der Chef meiner Kollegin und mir etwas an, was uns nicht so richtig gefiel. Meine Kollegin protestierte laut, ich nicht, weil mir ja sowieso alles egal war. Sollten sie doch machen, was sie wollten. Ging mich nichts an.

Als ich meinem Chef die Arbeit auf den Tisch legte und nach Hause gehen wollte, sagte er zu mir: »Frau Mörsch, mir gefällt Ihr Gesicht nicht!«

»Tut mir leid für Sie, aber ich habe im Moment kein anderes.«

»Wenn Ihnen hier irgend etwas nicht paßt, dann sagen Sie es gefälligst, aber laufen Sie nicht mit so einer Miene herum.«

Meine unbändige Wut brach wieder aus mir heraus: »Sie wissen genau, daß ich vor den Trümmern meines Lebens stehe. Ich bin krampfhaft bemüht, zu einem normalen Leben zurückzufinden, und das Einzige, was Ihnen als Mensch und als Arzt dazu einfällt, ist zu sagen, daß Ihnen mein Gesicht nicht gefällt. Wissen Sie was, Sie können in Zukunft auf mein Gesicht verzichten.«

Am nächsten Tag hatte er mein Kündigungsschreiben auf dem Tisch liegen.

Nun mußte ich mir eine neue Arbeit suchen. Das Krankenhaus in Köln-Porz hatte meine Bewerbung abgelehnt, aber kurz nachdem ich die Absage erhalten hatte, rief man bei mir zu Hause an. Es war ein Notfall eingetreten. Die Sekretärin des Chefs der Chirurgie war schwer erkrankt und das Sekretariat verwaist. Ob ich nicht doch trotz Absage zu ihnen kommen könnte? Aber es müsse sofort, ab morgen, sein. Nun hatte ich ja mit dem Kardiologen einen Vertrag und mußte noch sechs Wochen dort aushalten. Aber da ich nur vier Stunden am Vormittag arbeitete, versprach ich, nachmittags ins Krankenhaus zu kommen.

Ich wurde nun über alle Maßen gefordert. Jetzt hatte ich zwei Arbeitsstellen. Die neue war sehr aufreibend. Ich mußte viele neue Dinge lernen. In dem Chefarztsekretariat ging es zu wie in einem Taubenschlag. Hier liefen die Fäden der ganzen Abteilung zusammen. Mein Chef war ein über die Landesgrenzen hinaus bekannter Mann, der viele Patienten hatte, viel operierte, viel reiste und viel veröffentlichte. Um allem gerecht zu werden, hätten mir noch ein Paar Augen und ein Paar Arme gefehlt. Aber ich habe es geschafft! Nach kurzer Zeit hatte ich alles fest im Griff, und man bescheinigte mir meine Tüchtigkeit. Es tat unendlich gut, wieder gebraucht zu werden. Die Anerkennung, die ich erntete, richtete mein Selbstbewußtsein wieder etwas auf.

Aber das Beste für mich war, daß in Porz niemand wußte, wer ich war. Niemand kannte meine Geschichte, und ich vermied es tunlichst, über mich zu sprechen. So konnte ich nun ungezwungen sein, und die Leute, mit denen ich zusammenarbeitete, behandelten mich auch ganz normal. Mehr als einmal wurde mir von Kollegen bescheinigt, wie nett und freundlich, ruhig und ausgeglichen ich doch sei. Wenn sie nur gewußt hätten! Für mich war die Arbeit Therapie. Ich trug eine Maske zum Selbstschutz. Ich hatte mir einen Panzer wachsen lassen. Wenn mir jemand sein Herz ausschüttete, was in einem solchen Sekretariat oft vorkommt, dachte ich immer nur bei mir: Du armes Würstchen, du hast vielleicht Probleme!

Meine Maske verriet nichts von meinen Gedanken, niemand ahnte, wie hart, kalt und mitleidslos ich geworden war. Selbst wenn Patienten starben und ich mit trauernden Hinterbliebenen zu tun hatte, setzte ich eine teilnahmsvolle Miene auf, aber im stillen dachte ich bei mir: Warum soll es euch besser gehen als mir? Ihr seid ja noch gut dran, ihr habt ja schließlich nur *einen* Angehörigen verloren.

Im November machte mich eine Freundin auf ein sogenanntes Trauerseminar aufmerksam. Sie meinte, ich solle dort mal hingehen, es könnte für mich wichtig sein. Also ging ich hin. Ein protestantischer Pfarrer leitete diese Seminare in seiner Wohnung. Als ich dort ankam, fragte mich niemand, wer ich sei oder warum ich zum Seminar käme. Ich setzte mich schweigend dazu und lauschte der Gruppe, die sich wohl schon länger kannte. Interessanterweise gab es nur Frauen. Trauern nur Frauen? Es entspann sich ein Gespräch unter ihnen, und ich erfuhr, daß die eine um ihren verlorenen Mann trauerte, die andere hatte eine schwerkranke Mutter, die bald sterben würde, wieder eine andere trauerte um ihren Sohn, der vor sieben Jahren gestorben war.

Der Pfarrer unterbrach dann abrupt die leisen Gespräche und fing an zu reden. Er hielt einen Monolog, eine Predigt über Gott und die Welt, über Leben und Tod, er zitierte die Bibel, halt das Übliche, was man so von Pfarrern zu hören bekommt. Warum ließ er die Frauen nicht reden? Ich fühlte, daß sie alle das gleiche Problem hatten wie ich: einmal darüber zu reden, was sie bedrückte; jemanden zu finden, der zuhört. Aber der Pastor erlaubte keine Gespräche außer seiner eigenen Rede. Es versteht sich von selbst, daß ich nicht wieder hinging.

Behörden

Einige Tage nach Fatimas und Gregors Beerdigung erhielt ich einen Anruf von der Kölner Mordkommission. Ein Beamter teilte mir mit, daß ich jetzt die Sachen wiederhaben könne.

Auf meine erstaunte Frage: »Welche Sachen?« sagte er zu mir: »Ja, da sind die Kleidungsstücke, die Gregor trug, als er starb, und außerdem ist da noch die Pistole.«

Ich glaubte, meinen Ohren nicht zu trauen.

»Wie, die Pistole? Was ist mit der Pistole?«

»Sie können sie abholen. Sie gehört Ihnen. Sie sind ja die Witwe des Verstorbenen und somit die rechtmäßige Erbin.«

»Ist das wirklich Ihr Ernst, ich soll mir die Pistole abholen?«

»Ja, sie gehört Ihnen. Sie brauchen nur einen Waffenschein zu beantragen, und dann können Sie sie abholen.«

Ich geriet in Rage.

»Jetzt weiß ich wenigstens«, entgegnete ich diesem Beamten, »wie man an Waffen herankommt. Ich habe mich immer schon gefragt, woher Bankräuber und Mörder ihre Waffen bekommen. Immer, wenn ich mal gerade jemanden erschießen will, habe ich zufällig keine Waffe. Jetzt weiß ich es: Man bekommt sie bei der Polizei!«

»Ja, gute Frau, bitte mißverstehen Sie mich nicht. Ich tu'

doch nur meine Pflicht. Und die Vorschrift besagt, daß wir sie Ihnen als rechtmäßiger Erbin zurückgeben müssen.«

»Soll ich sie mir vielleicht einrahmen und an die Wand hängen?!«

»Sie müssen sie ja nicht nehmen, wenn Sie nicht wollen, aber ich muß es Ihnen sagen, Sie haben ein Recht darauf.«

Eine Freundin, die als Beamtin bei der Stadtverwaltung arbeitete, machte mich auf die Organisation »Weißer Ring« aufmerksam. Diese widmet sich den Opfern von Gewaltverbrechen. Es kam mich ein netter älterer Herr besuchen. Er erzählte viel von seiner Arbeit und dem Leid, das er zu sehen bekommt, und daß die Organisation moralisch und vor Gericht und finanziell die Opfer unterstützte. Aber leider konnte er für mich nichts tun. Ich war ja kein Opfer. Mir war ja nichts passiert! Er gab mir den Rat, mich an das Versorgungsamt zu wenden, die seien für die finanzielle Absicherung bei Behinderten zuständig. Zu dem Zeitpunkt lebte Gloria noch. Also stellte ich einen Antrag auf Versorgungsausgleich für mein schwerkrankes Kind.

Gloria war bereits mehrere Wochen tot, als mir auffiel, daß ich nie eine Antwort auf mein Schreiben bekommen hatte. Ich war mit meinem leidenden Kind zu sehr beschäftigt gewesen. Statt meinen Antrag anzumahnen, schrieb ich gleich einen Beschwerdebrief an den Direktor. Dieser entschuldigte sich auch für die Langsamkeit seiner Behörde und versprach, meine Sache nun schnellstens bearbeiten zu lassen. Im November – seit Glorias Tod waren mehr als sechs Monate verstrichen –, bekam ich Antwort und den Bescheid, daß mir monatlich achthundert Mark Versorgungsausgleich für mein »hundertprozent erwerbsunfähiges« Kind zustehen würde. Ich begann nachzurechnen: Wenn Gloria überlebt hätte, und ich hätte sie zu Hause gepflegt, hätte ich nicht arbeiten gehen können und von achthundert Mark leben müssen. Dies wäre unmöglich gewesen. Hätte ich sie in ein Heim gegeben, hätte ich mit diesen achthundert Mark auch keinen Heimplatz bezahlen können. Wie wäre das alles gegangen?

Eine Nachfrage bei der Rentenstelle ergab, daß es auch keinen Anspruch auf Witwen- oder Waisenrente gab. Amer hatte nur drei Jahre in Deutschland gearbeitet, und das war zu wenig für Ansprüche irgendwelcher Art.

Die Bank, bei der Amer und ich ein gemeinsames Konto führten, forderte nun von mir mehrere Tausend Mark zurück, die Amer ausgegeben hatte. Wo sollte ich soviel Geld hernehmen? Meine Eltern sprangen wieder einmal helfend ein.

Weitere für mich äußerst schwierige Dinge hatte ich nun zu erledigen. Ich mußte meine Kinder bei der Kindergeldstelle abmelden, ich mußte eine geplante Reise mit dem Familienferienwerk stornieren. Ehemalige Freunde von Amer, denen er Geld schuldete, versuchten auf verschiedenste Art und Weise, von mir ihr Geld zurückzubekommen.

Reporter meldeten sich immer wieder am Telefon oder persönlich, sie wollten Interviews mit mir machen. Und tatsächlich habe ich eines Tages zwei Reporter hereingelassen und ihnen ein Interview gegeben. Warum habe ich das gemacht? Warum hat mich niemand davon abgehalten? Gott sei Dank ist ihr Bericht in der Zeitung nie erschienen.

Einen Monat nach Glorias Tod ließ ich beim Standesamt »Ragab« aus dem Namen streichen. Ich wollte an diesen Namen nie mehr erinnert werden.

Ein Jahr später

Meine Eltern machten ebenfalls schlimme Zeiten durch. Was hatten sie nicht alles für mich getan? Immer wieder haben sie mich aufgefangen, wenn es mir schlechtging. Aber nun waren sie überfordert. Sie waren überwältigt vom Schmerz über ihre verlorenen Enkelkinder. Mein Vater ließ sich in den folgenden Monaten vorzeitig pensionieren.

Nun saßen beide zu Hause und hatten auch nichts mehr zu tun. Der Elan und die Lebensfreude waren dahin. Als der Winter nahte, entschlossen sich meine Eltern, nach Spanien zu gehen, um dort den Winter zu verbringen. Sicher, sie fragten mich, ob es mir etwas ausmache, alleine zu sein. Hätte ich »ja« sagen sollen? Sie versuchten ja selbst, mit allem fertig zu werden, und wenn es ihnen half, nach Spanien zu gehen, sollten sie besser gehen. Ich brachte es nicht fertig zu sagen: »Nein, laßt mich nicht alleine!« Schließlich hatte ich ja meine Arbeit und war nur am Abend zu Hause. Also, was machte es schon aus?

Wir verabschiedeten uns beim Frühstück, denn sie wollten im Laufe des Vormittags abfahren. Am Abend kam ich nach Hause, schloß die Tür auf – und war alleine in diesem dunklen, stillen Haus. Ich setzte mich in einen Sessel und dachte: So, nun bist du wirklich ganz alleine auf dieser Welt. Im Haus herrschte Totenstille, und mich beklomm eine unbestimmte

Angst vor der unteren Etage. Da war die dunkle Kellertreppe, die nach unten führte. Ich wohnte schon seit langem nicht mehr im Souterrain. Ich hatte mit meiner Mutter die Schlafzimmer getauscht. Jetzt schielte ich angstvoll in Richtung Kellertreppe. War da ein Geräusch? Quatsch, Einbildung. Ich machte sämtliche Lichter an, drehte Fernseher und Radio auf volle Lautstärke.

Als ich zu Bett ging, konnte ich nicht einschlafen. Ich hörte Schritte. Ich stand wieder auf. Kann doch nicht sein, ich bin doch allein zu Hause. Ich ging zur Kellertreppe und machte Licht, aber getraute mich nicht, nach unten zu gehen. Zurück ins Bett! Stell dich nicht so an! befahl ich mir. Ich löschte die Lichter.

Dann hörte ich die Kinder rufen: »Mami!« riefen sie.

Der Fußboden knirschte. Das konnte doch nicht wahr sein! Wieder stand ich auf. Was war denn los mit meinem Gehirn? Wurde ich jetzt wahnsinnig? Noch einmal stand ich auf. Ich ging zur Bar ins Wohnzimmer und goß mir ein riesengroßes Beruhigungsglas ein. Ich habe mich in jener Zeit, nachdem ich alle Pillen weggeworfen hatte, so oft mit Alkohol getröstet, daß mir daraus ein Problem erwuchs. Heute, erst nach vielen Jahren, bekomme ich dieses Problem langsam in den Griff.

Das Weihnachtsfest stand vor der Tür. Was sollte ich nun tun? Es war noch kein Jahr her, da war hier in diesem Haus ein fröhliches Leben mit Kinderlachen, Weihnachtsbaum, glücklichen Großeltern und einer über alle Maßen zufriedenen Mutter, die das bunte Treiben mit Zufriedenheit beobachtete. Und nun? Sollte ich Weihnachten ganz alleine in diesem verhaßten Hause verbringen? Sollte ich zu meinen Brüdern gehen und zuschauen, wie sie glücklich im Kreise ihrer Lieben Weihnachten feierten, oder etwa zu Freunden? Nein, auf gar keinen Fall. Ich mußte weg von hier. Ich hatte

Glück, bekam ein Ticket und fuhr zu meinen Eltern nach Spanien.

Ich konnte nur ein paar Tage in Spanien bleiben, denn ich hatte noch keine Urlaubsansprüche. Aber es reichte für eine kleine Erholung. In Spanien wird anders Weihnachten gefeiert, und es tat mir und meinen Eltern gut, nicht an dieses deutsche Familienfest erinnert zu werden. Nach fünf Tagen fuhr ich wieder nach Hause.

Sylvester lud mich eine Freundin zu einer Party ein. Als um vierundzwanzig Uhr die Sektkorken knallten, dachte ich bei mir: Nur gut, daß dieses Jahr vorüber ist!

Leider mußte ich diese Party dann Hals über Kopf verlassen, als die Gäste mit Gewehren und Knallkörpern zur Begrüßung des Neuen Jahres zu lärmen begannen. Ich reagierte absolut panisch beim Anblick dieser Waffen. Und vor allen Dingen bei dem Geräusch der Schüsse. Mir wurde übel, ich bekam keine Luft mehr, meine Knie gaben nach, und ich stürzte hinaus.

Manch einer meiner Freunde riet mir dringend, aus dem Haus auszuziehen. Es sei nicht gut, sagten sie, daß ich jetzt alleine hier wohne mit all den schlimmen Erinnerungen. Ich verstand, was sie mir sagen wollten, aber ich hielt die Idee nicht für gut. Ich hatte Angst vor diesem Haus. Aber ich mußte meine Angst besiegen. Wenn ich zu diesem Zeitpunkt ausgezogen wäre, wäre das einer Flucht gleichgekommen. Meine Angst wäre geblieben. Vor dem Haus, dem Stadtteil, der Stadt, dem Land. Wohin hätte ich flüchten sollen? Es wäre eine Flucht vor mir selber gewesen. Überallhin hätte mich die Angst verfolgt. Also blieb ich. Ich bekämpfte die seltsame Furcht, die mich jedesmal beschlich, wenn ich das Haus betrat. Und ich habe letztendlich den Kampf gewonnen!

Als ich nach vier Jahren auszog, war mir das Haus gleichgültig geworden, und ich kehre heute immer wieder gerne in meine Heimatstadt zurück.

Als das nächste Karnevalsfest nahte, stand ich wieder vor dem gleichen Problem: Bleibe ich hier oder gehe ich weg? Waren doch meine Kinder unmittelbar nach Karneval gestorben, und wie hatten sie gefeiert! Wie gerne hatten sie die Kamellen gefangen. Tagelang hatten sie mit ihrer Beute gespielt, sortiert, verteilt, gezählt, gegessen...

Mein Bruder Thomas, der in jener Zeit Probleme mit seiner Ehe hatte, machte den Vorschlag, daß wir zusammen nach Spanien zu unseren Eltern fuhren. Er wollte auch weg.

Wir hatten ein paar wunderschöne Tage miteinander. Die traurige Stimmung, in der wir uns beide befanden, überspielten wir mit Albernheiten. Wir gebärdeten uns wie die Kinder. Jede Nacht waren wir unterwegs, wir zogen durch alle Bars und tranken viel.

Am Samstagabend, wir waren bereits auf dem Heimweg, ließ ich Thomas das Auto anhalten, weil ich durch das offene Autofenster Musik hörte. Da mußten wir auch noch hin! Wir gingen der Musik nach und kamen in eine Bar, in der getanzt und gesungen wurde. Es war mitten in der Nacht, aber noch sehr voll.

Wir mischten uns unter die Menge. Während ich an eine Mauer gelehnt stand, schaute ich mich um. Da sah ich sie. Die Augen. Ich kannte sie schon mein Leben lang. Auf sie hatte ich gewartet. Was war das? Eine Halluzination? Ich schaute weg. Ich schaute wieder hin. Die Augen schauten mich immer noch an. Ja, das waren sie. Ich mußte hin. Er stand hinter der Theke, und ich bestellte uns Getränke. Er schenkte ein, ich nahm die Gläser, aber wir schauten uns unentwegt dabei in die Augen. Was war denn los mit mir? Ich war doch hartherzig, versteinert und kalt geworden. Mich interessierten doch keine anderen Menschen mehr. Oder doch? Von meinem Mauerplatz aus konnte ich ihn nun beobachten, wie er hinter seiner Theke arbeitete. Das war genau der Mann, auf den ich mein Leben lang gewartet hatte. Wir hatten noch kein Wort miteinander gesprochen, aber ich wußte es, ich war mir sicher!

Thomas wollte nun nach Hause gehen, es war schon sehr spät geworden. Mit dem Gedanken an diesen Menschen schlief ich selig ein.

Am nächsten Morgen wurde ich mit dem Gedanken an ihn wach. Und weitere Gedanken gingen mir durch den Kopf. Dies war das erste Mal seit fast einem Jahr, daß ich nicht ausschließlich an meine Kinder dachte. Dieser Mann mit den Augen schaffte es, meine traurigen Gedanken für Augenblicke in den Hintergrund zu drängen. Ich mußte an meinen Therapeuten denken, der mir sagte, ich solle ein Jahr warten, um aus dem Leben zu scheiden. Aus dem Leben scheiden? Kommt überhaupt nicht in Frage, jetzt fange ich wieder an zu leben!!!!!!!

Am nächsten Abend, unserem letzten Urlaubstag, schleppte ich Thomas wieder in dieses Lokal, ich mußte IHN unbedingt wiedersehen. Heute war keine Musik, es war ruhiger. Wir konnten uns an die Bar setzen, und nun sprachen wir zum ersten Mal miteinander. Es waren nur belanglose und oberflächliche Thekengespräche, aber für mich wog jedes seiner Worte wie Gold. Ich hing an seinen Lippen. Als er zum Abschied mir und »meinem Mann« noch ein Glas spendieren wollte, mußte ich laut lachen und sagte: »Mein *Bruder* will keinen Wein, er möchte ein Bier.«

Er lachte nun auch laut und erleichtert auf, und wir verabschiedeten uns bis zum nächsten Mal.

Thomas und ich fuhren am nächsten Tag nach Hause.

Ich war überglücklich, ich wußte, ich würde »ihn« wiedersehen. »Ich komme sehr bald zurück!«

Meine Eltern kehrten im Laufe des Frühjahrs nach Köln zurück. Ich hatte aber schon meinen nächsten Spanienurlaub geplant. Meine Mutter – ob sie mich nicht allein fahren lassen wollte, weiß ich nicht – kam mit. Wir fuhren mit dem Auto. Es war Juni. Wir hatten eine wunderschöne Fahrt, wir verstanden uns gut, lachten viel und verbrachten einige schöne Tage in La Herradura.

Nach einer Woche hatte ich »ihn« noch nicht gesehen. Wie sollte ich es auch anstellen? Ich konnte doch nicht hier in Spanien so einfach alleine in eine Kneipe gehen? Das wollte ich auch nicht. Und er wußte von mir nicht mehr als nur meinen Vornamen. Und überhaupt, er hatte mich sicher längst vergessen. Was bildete ich mir denn überhaupt ein?

Ich überließ nun mein Schicksal dem Zufall. Ich konnte ja doch nichts ändern, was geschieht, geschieht...

Eines Nachmittags ging ich, in traurige Gedanken versunken, spazieren. Es war der siebte Juni. Heute hätte Fatima Geburtstag gehabt, sie wäre sechs Jahre alt geworden. Bald wäre sie in die Schule gekommen.

Da hörte ich ein Motorrad knattern, und jemand rief meinen Namen. ... O Gott, er war es!

Er hatte mich gefunden!

Anhang

Käthie

Irgendwann an einem Sonntagnachmittag hatten wir Besuch von einem Bekannten, der erzählte, er sei mit Rotel-Tours in Ägypten gewesen. Du sagtest: »Oh, den nächsten Urlaub mache ich in Ägypten.« Dann sagtest du eines Tages: »Ich habe gebucht, ich fahre nach Ägypten.« Du fuhrst also nach Ägypten. Und nachdem du zurückgekommen warst, saßen wir zu Hause bei Kaffee und Kuchen, und du hast mir dann gesagt: »Ich glaube, ich muß noch mal nach Ägypten.« Ich sah deinen Augen schon an, daß irgend etwas passiert war. Ich sagte: »Noch einmal?« – »Ja, ich habe noch nicht alle Pyramiden gesehen! Nein, um ehrlich zu sein, ich habe da jemanden kennengelernt, ich muß dir das mal erzählen.«

Und dann bin ich nach Nippes gefahren, wo du damals wohntest, und wir haben in einem Café gesessen und erzählt. Und da hast du mir gesagt, daß du einen Ägypter kennengelernt hast, und du hättest dich in ihn verliebt und hättest versprochen, noch einmal hinzufahren und hast mich dann gefragt: »Was würdest du tun?« Und ich, ich muß ehrlich gestehen, ich habe dir damals gesagt: »Wenn ich du wäre, ich ginge da gegenüber ins Reisebüro und würde mir sofort ein Ticket nach Ägypten kaufen.« Du bist dann ins Reisebüro gegangen und hast ein Ticket nach Ägypten gekauft. Als du von dieser Reise wieder zurückkamst, hast du erklärt: »Mein Verlobter kommt am Donnerstag nach.«

Huch, habe ich gedacht, unser Verlobter! Wir fuhren gemeinsam nach Frankfurt, um ihn abzuholen. In der Wartehalle habe ich gedacht: »Oh, da steht einer, das muß er sein.« Aber das war er nicht. Dann bist du auf jemand anderen zugegangen, und ich muß heute ganz ehrlich gestehen, ich war enttäuscht. Der erste Eindruck war nicht der beste. Aber ich habe gedacht: Naja, es ist ihr Geschmack, es wird sich schon zeigen. Und ich weiß nicht, wie Bernd darüber gedacht hat, jedenfalls Amer war ihm sympathisch. Er sprach kein Deutsch, nur Englisch, und das bißchen Englisch, was ich konnte, damit konnte ich mich mit ihm ganz nett unterhalten. Aber er gab sich sehr viel Mühe, Deutsch zu sprechen.

Also ihr lebtet dann in Nippes. Und dann eines Tages hieß es: »Wir wollen heiraten, ich bin schwanger.« – »Huch«, habe ich gesagt, »na gut, also schwanger.« Ja, dann habt ihr geheiratet. Aber er hatte ja kein Geld, und du hast auch nicht so viel Geld gehabt, um ihn auszustatten. Er brauchte einen schwarzen Anzug. Er hatte ja nichts, er war nur mit einem kleinen Köfferchen aus dem Morgenland gekommen. Also sind wir zusammen in die Stadt gegangen und haben eingekauft. Ein weißes Oberhemd und einen Anzug. Er war sehr kritisch und anspruchsvoll, kannte auch die Preise schon, und ich habe alles bezahlt. Dann wurde Hochzeit gefeiert, und es war sehr schön. Wir haben bei uns zu Hause wunderschön die Tafel gedeckt, und es war eine richtig schöne Hochzeitsfeier.

So, und dann habt ihr zwei Familienleben gespielt in Nippes. Und dann hat der Amer gesagt: »Ich will nicht, daß meine Frau für mich arbeiten geht. Und ich lungere hier den ganzen Tag herum.« Da war er mir sehr sympathisch. Ich dachte:

Mein Gott, der hat echt Charakter. – »Wir fahren jetzt nach Ägypten.« Und er hatte auch von zu Hause Bescheid gekommen, wenn er nicht bald käme, würde seine Stelle als Lehrer – er war in Assuan Volksschullehrer – von jemand anderem besetzt. Also was tun? Ich habe gebettelt und sagte: »Gabi, bleib doch wenigstens solange hier, bis das Kind auf der Welt ist. Das ist mir doch dann sicherer.« – »Nein«, hat er gesagt, »in Assuan, wo wir wohnen werden, ist ein deutsches Krankenhaus, da kann die ihr Kind kriegen.« – Also wurde der Haushalt aufgelöst.

Vor der Abreise haben wir noch einen Ausflug in einen Wildpark gemacht. Und bei einer Tasse Kaffee hat er gesagt: »Ja, wenn ich jetzt zurückkomme nach Assuan, will ich weiter studieren. Aber das kostet sehr viel Geld. Ich möchte meinen Studienrat machen, und dann ziehen wir nach Kairo.« Ich fand das ganz toll. Ich habe gedacht: Mein Gott, der will also noch studieren. Aber wie machen wir das möglich? – Und dann habe ich so gedacht: Der Bruno hat studiert, das haben wir finanziert, der Thomas hat viel Geld gekostet, der hat auch studiert, und dann lassen wir jetzt eben unseren Schwiegersohn studieren. Und dann habe ich gesagt: »Paß mal auf, du richtest ihr in Assuan ein Konto ein, und wir überweisen euch jeden Monat Geld.«

Und dann seid ihr glückselig mit gepackten Koffern und was weiß ich alles nach Ägypten abgezogen. Und ich hörte dann immer nur mal von Telefonaten oder durch Briefe, daß alles in Ordnung war. Ich hatte das Gefühl, meine Tochter ist glücklich, die erwartet jetzt ihr Kind, und wir wußten auch ungefähr, wann das Kind kommt. Und ich war so unruhig, als das Datum der Geburt näher rückte. Und eines Tages kam dann ein Anruf von dir: »Halli, hallo, ich bin es, ich habe eine Tochter! Ich bin in Kairo.« Und dann hast du mir die Story erzählt, daß das Kind fast unterwegs gekommen wäre, weil in dem deutschen Krankenhaus zur Zeit kein Platz war. Also, es war der 6. oder 7. oder der 8. Juni, kein Mensch wußte mehr genau, wann. Und dann hielt uns natürlich hier in Deutschland nichts mehr. Der nächste Urlaub wurde gebucht. Ich habe gesagt: »Fünf Wochen habe ich Zeit, jetzt fahren wir nach Ägypten.« Es war Oktober oder November, jedenfalls im Winter, weil es dann nicht mehr so heiß war.

Wir kamen dort an, es war natürlich erstmal ein Schock: In einem Sandkasten sind wir gelandet, mitten in der Wüste. Aus dem Flugzeug habe ich dich das erste Mal gesehen mit Kind. Du warst rank und schlank, regelrecht dünn, aber hattest ein wunderschönes Kind. Nicht schwarz, nicht weiß. So richtig milchkaffeefarben. Ein liebes Kind. Wir sind dann fünf Wochen geblieben. Und es war sehr schön. Und in der Zeit wurde auch dein Haus renoviert. Nur ist mir schwergefallen, wieder wegzufahren.

Ein halbes Jahr später, Fatima war noch kein Jahr alt, rief mich die Ärztin aus dem deutschen Krankenhaus an und sagte: »Ihre Tochter liegt hier mit einer starken Gelbsucht. Wenn es meine Tochter wäre, würde ich sie sofort nach Deutschland holen.« Dann habe ich mit dir am Telefon gesprochen und habe dir gesagt: »Hör mal, kauf sofort ein Ticket und komm mit dem Kind nach Deutschland.«

So, und dann bist du gekommen und dieser bekannte Arzt, den ich noch aus der Klinik kannte, denn ich war ja mittlerweile pensioniert, zu dem sind wir hin, der kannte dich auch noch ganz gut aus der Klinik, der hat dich dann verarztet und versorgt mit Medikamenten. Er hat dich dann wieder auf die Beine gekriegt. Die Fatima hat ihren ersten Geburtstag bei uns zu Hause in Lindenthal gefeiert. Die ersten Schühchen haben wir gekauft, sie hatte in der Zeit laufen gelernt. Es war eine wunderschöne Zeit, und ich war natürlich immer darauf bedacht, daß du sehr schnell wieder gesund wurdest. Eines

Tages hast du gesagt: »Ich will wieder nach Hause.« Der Amer hatte immer wieder angerufen, wie lange es denn wohl dauern würde, es könne doch nicht sein. Und er hat dann auch mit mir gesprochen und hat gesagt: »Du mußt mich verstehen, schließlich bin ich ein Mann, und ich brauche eine Frau, und im Dorf lachen mich schon alle aus und denken, die kommt nicht wieder.« Und alle deutschen Bekannten hatten immer gesagt: »Die geht doch nicht wieder zurück, die bleibt doch hier.« Eines Tages sagte dir der Arzt: »Die Werte sind wieder ganz in Ordnung.« –»Was?« sagtest du. »Ja, du bist total gesund. Deine Leberwerte sind wieder ganz in Ordnung, du bist wieder gesund.« ... Und dann auf dem Rückweg hast du direkt ein Ticket gekauft für Ägypten. Und sagtest: »Ich will wieder nach Hause!« Und als du gesagt hast »Ich will wieder nach Hause« habe ich gedacht: Mein Gott, muß die sich glücklich fühlen da unten, wenn die von ihrem Zuhause spricht. Und dann bist du wieder nach Assuan gefahren, und es kamen ab jetzt diese Briefe, die dann nicht mehr so überschwenglich und glücklich klangen. Man kann ja auch zwischen den Zeilen lesen! Und schließlich vor Weihnachten kam ein Brief, in dem stand, daß Amer Soldat werden müsse, und er bekäme dann kein Geld mehr oder so wenig Geld, daß er sich und die Familie nicht mehr hätte ernähren können. Was tun? Also nach Deutschland. Aber nur, wenn er auch Arbeit hätte. O Mensch, hab' ich gedacht, irgendwie muß man das doch möglich machen. Und Bernd hat dann bei sich in der Firma eine Stelle gefunden, wo Amer als Lagerarbeiter anfangs arbeiten konnte. Am Heiligen Abend fuhr ich mit Bernd nach Frankfurt, und wir haben euch am Flughafen abgeholt.

Wir hatten damals eine schöne große Wohnung in Lindenthal. Aber für zwei Familien und ein Kind war es dann doch ein wenig eng. Dann haben wir entschieden, daß wir uns eine größere Wohnung suchen wollten. Wir fanden einen Bungalow mit ausgebautem Untergeschoß. Wir zogen dort ein. Die Miete war hoch, aber was soll's. Ich brachte jeden Morgen Bernd und Amer zur Arbeit und habe sie auch abends wieder abgeholt. Und ihr habt unten gewohnt. Nur habe ich dann immer schon mal gemeint: Irgend etwas stimmt nicht. Und eines Tages ist er einfach nicht von der Arbeit gekommen. Ich wollte die beiden abholen, aber er war nicht da. Bernd wollte nach Hause, und wir fuhren ohne ihn. Und dann kam er sehr spät, und dann habe ich ihn gefragt. »Wo warst du denn?« Seine Antwort: »Ich kann machen, was will ich.« Und hat weiter nichts gesagt. Er wollte nicht mehr von mir abgeholt werden. Ich kann ihn irgendwie verstehen. Dieser Mann aus Ägypten, der zu Hause das Sagen hatte, war dann auf einmal auf seine Schwiegermutter angewiesen. Er hat dann auch türkische Freunde gefunden, mit denen er in die Moschee ging.

Eines Tages, du und ich, wir gingen mit Fatima spazieren, sagtest du: »Ach, ich habe ganz vergessen, ich sollte Amer Zigaretten kaufen.« Da die Geschäfte bereits geschlossen waren, hast du an einem Automaten zwei Schachteln gezogen. Später am Abend höre ich von unten aufgeregte Stimmen, und plötzlich kommt Amer heraufgelaufen. Auf meine erstaunte Frage, was denn los sei, sagte er: »Ich sagen Gabi eine Stange Zigarette, und wenn ich sagen, eine Stange, will ich haben eine Stange.« Ich fragte ihn: »Sind denn zwei Schachteln Zigaretten für heute abend zu wenig? Das reicht doch bis morgen.« Er ging auf meinen Wohnzimmerschrank zu, wollte ihn öffnen und sagte: »Du haben auch mehr als eine Schachtel.« Und da habe ich gesagt: »Wag dich keinen Schritt weiter. Du hast hier in meiner Wohnung nichts anzufassen und auch nicht zu sagen, was ich in den Schränken habe.« Wutentbrannt ist er wieder gegangen.

Und dann eines Tages war der Amer weg. Du sagtest: »Ja, er ist gegangen. Er war es leid, er wollte das nicht mehr. Und ich sagte, dann ist es ja gut. Wo ist er denn hingegangen? Du wußtest es nicht. Er ging aber regelmäßig arbeiten, was wir durch deinen Vater erfuhren. Und dann hat er angerufen und sprach mit dir.

Dann sagtest du eines Tages zu uns: »Habt ihr etwas dagegen, daß er wiederkommt?« Ich sagte: »Liebes Kind, es ist deine Ehe, da habe ich nichts mit zu tun. Wenn der wieder zu dir zurück will, dann bitte schön. Dann soll er kommen.« Und dann kam Amer zurück, und alles war wieder in Ordnung. Es ging also ganz gut, bis du dann sagtest: »Wir haben überlegt, es ist doch besser, Alt und Jung leben getrennt.« Obwohl es anfangs immer geheißen hatte: »Großfamilie, ich bin eine Großfamilie gewohnt; wir leben immer alle zusammen.« Jetzt wolltet ihr eine eigene Wohnung haben, und ich sagte: »Kind, wenn du meinst, sucht euch eine eigene Wohnung.« Also habt ihr euch eine Wohnung gesucht, Amers Gehalt entsprechend. In einen Altbau seid ihr gezogen, auf die vierte Etage. Du hast einen Lastwagen gemietet, den du selbst gefahren hast. Möbel rauf – und dann auf Wiedersehen.

Bernd und ich saßen nun in dem großen Haus ganz alleine. Und dann haben wir beschlossen, uns erst einmal zu erholen und sind nach Spanien gefahren. Ich habe dich hin und wieder angerufen, und eines Tages sagtest du: »Ich muß dir mal was sagen, ich bin wieder schwanger.« – »Na«, sagte ich, »das ist sicher ein Versöhnungskind.«

»Ja, ja wahrscheinlich, ja. Aber ist doch schön oder?«

Beim nächsten Anruf hast du mir gesagt: »Ich muß dir was Schlimmes sagen, ich kriege Zwillinge.« Ich sagte dann zu Bernd: »Gabi braucht mich jetzt. Ich kenne den Mann ja. Der hat noch nie eingekauft oder das Kind getragen, und wenn sie jetzt schwanger ist, hat sie keinerlei Hilfe von diesem Mann zu erwarten.«

Oft habe ich morgens angerufen, habe für dich eingekauft, oder wir sind zusammen gegangen. Aber dabei hatte ich immer das Gefühl, daß irgend etwas nicht stimmte. Und dann eines Morgens habe ich wieder angerufen, und du sagtest: »Käthie, du brauchst nicht zu kommen, ich springe jetzt mit Fatima hier aus dem Fenster.«

»Gabi, tu es lieber nicht! Warte, bis ich komme! Wir reden nochmal miteinander.«

Und dann bin ich hingefahren. Wie ich zu dir gekommen bin, weiß ich nicht, ich bin fast geflogen. Und dann hast du gesagt: »Nein, das mache ich nicht mehr mit, er hat mich geschlagen.«

»Komm, mach jetzt kein Theater, leg ihm einen Zettel auf den Tisch mit der Telefonnummer, und dann nichts wie weg. Pack ein paar Sachen ein für dich und für Fatima, und dann kommst du mit mir nach Hause. Aber jetzt ist endgültig Schluß, jetzt ist Feierabend.«

So, und dann hat er auch angerufen, und da hast du gesagt, daß jetzt Schluß sei und du die Scheidung einreichen wirst.

Die Scheidung zog sich hin. Aber er hatte ein Besuchsrecht. Er durfte alle vierzehn Tage Fatima besuchen, aber unter der Bedingung – weil er immer gesagt hatte »Ich nehme mein Kind und gehe nach Ägypten« –, daß einer von uns Erwachsenen dabei war. Er durfte also das Kind nicht mitnehmen. Zu Anfang ist Bernd mit dem Kind zu fremden Leuten gegangen, wo sie sich trafen, und wo Amer mit dem Kind gespielt hat. Später kam er alle vierzehn Tage. Dann wurden die Zwillinge geboren. Ich bin bei der Geburt dabeigewesen.

Nach der Geburt sagtest du: »Ich könnte ihn umbringen. Er hat sich um nichts gekümmert.« Bernd hat ihm dann mitgeteilt, daß er einen Jungen und ein Mädchen habe. Er hat sich nach nichts erkundigt, nicht einmal gefragt, wie die Kinder heißen. Du wußtest, daß er ein Mitspracherecht bei der Namensgebung hatte, da sie ja eheliche Kinder waren, und hast ihnen zusätzlich arabische Namen geben. Somit hieß der Junge Gregor-Anwar und das Mädchen Gloria-Soraya.

Die Zwillinge haben ihn lange Zeit bei seinen Besuchen nicht interessiert. Er kümmerte sich nur um Fatima. Er kam nun alle vierzehn Tage. Aber wir haben immer dafür gesorgt, daß jemand aus der Familie da war, entweder Bruno oder Thomas.

Und dann wurde meine Mutter krank und kam ins Krankenhaus. Sie lag im Sterben. Bruno ist dann gekommen, Sonntag morgens, und hat gesagt: »Ich bin die ganze Nacht bei Oma gewesen, aber ich muß jetzt unbedingt mal schlafen, kannst du jetzt zu ihr gehen?« – »Ja«, habe ich gesagt, »ich bleibe jetzt den ganzen Sonntag und die Sonntagnacht hier.« Bernd war ja zu Hause, so daß du nicht alleine warst, als Amer kam. Ich saß bei meiner Mutter am Bett, die gar nicht bemerkte, daß ich da war. Aber mich beschlich ein seltsames Gefühl. Ich wurde plötzlich unruhig. Ich wußte, hier kann ich jetzt nicht länger bleiben, ich mußte nach Hause fahren. Der diensthabenden Schwester sagte ich, ich müsse mal schnell weg, und wenn Mutter wach würde, solle sie ihr sagen, ich käme gleich wieder. Und dann bin ich nach Hause gefahren und konnte dann nicht in unsere Straße hineinfahren, weil dort Ambulanzen und Polizeiautos standen. Man fragte mich: »Wo wollen Sie hin?« Ich sagte: »Nach Hause, warum?«

»Wie heißen Sie?« – »Ich heiße Mörsch. Dort drüben ist meine Garage, die steht offen, und da fahre ich jetzt hinein.« Und ich habe an einen Verkehrsunfall geglaubt. Und ich habe mein Auto dann in die Garage gestellt. Als ich die Garage verschlossen hatte, kam Thomas auf mich zu. Er umarmte mich und sagte: »Du darfst dich jetzt nicht aufregen, es ist was ganz Schlimmes passiert. Der Amer, der ist Amok gelaufen, der hat die Kinder und sich selbst auch erschossen.«

Ich konnte nichts sagen. Ich bin dann hineingegangen und habe dich dort gesehen. Überall im Haus war Polizei. Aber wichtig war mir in dem Moment mein Kind. Mein Kind. Ich sah nur, daß mein Kind lebte. Und ich habe einen Arzt angerufen in meiner Not. Der kam dann und hat dir eine Spritze gegeben, weil du im Schock warst. Dann konntest du wenigstens schlafen.

Danach war es noch ganz schlimm! Ich habe versucht, dir so viel wie möglich zu helfen. Ob es mir gelungen ist, weiß ich nicht.

Deine Mutter

Thomas

Das Kapitel Amer begann für mich – ich weiß das Datum nicht mehr – in Nippes in der Siebachstraße. Dort habe ich ihn zum ersten Mal gesehen. Natürlich war vorher schon von ihm die Rede, da Brigitte für ihn mit irgendwelchen Visa beschäftigt war. Als ich ihn dann in deiner Wohnung kennenlernte, machte er auf mich einen ganz sympathischen Eindruck. Aber er war nicht mehr und nicht weniger für mich als einer von vielen in der langen Reihe deiner exotischen Liebhaber. Ob nun Amerikaner, Israeli oder Iraner. Nur die Hautfarbe war diesmal etwas dunkler. Etwas interessanter wurde dann die Sache, als es hieß, daß du ihn heiraten wolltest. Fand ich schon etwas seltsam, aber nur, weil man es von dir nicht gewohnt war. Ich muß zugeben, daß ich gedacht habe, es könne sich um so etwas wie Torschlußpanik handeln, da auch Brigitte und ich heiraten wollten. Aber ich fand das so bescheuert, alleine schon das Wort, daß ich es sofort wieder verworfen habe. Tja, dann war das tatsächlich die große Liebe! Konnte ich nicht so richtig verstehen und auch nicht richtig spüren (wie z. B. bei Ahmad), aber wenn ich daran denke, wie wenig Brigitte und ich zusammenpassen und paßten und andere das auch sicherlich so gesehen haben, brauche ich mich nicht zu wundern, wenn das bei anderen genauso ist.

Gut, dann kam die ganze Story mit dem Kündigen, nach Ägypten gehen, alles aufgeben und »im Sand leben«. Auch damit kam ich nicht so sehr gut klar. Ich hatte so ein paar schöne Erklärungen für mich. Wenn es nun mal nicht die große Liebe sein sollte, dann entweder Abenteuerlust in der Richtung »Aussteigen«, zumal es mit Spanien nicht so geklappt hatte, oder soweit wie möglich weg von zu Hause. Aber ich habe mich so für mich selbst auf die Position zurückgezogen, daß ich dich für alt genug hielt, die richtige Entscheidung zu treffen oder, wenn es dann die falsche war, damit klarzukommen. Nur, als ich dann die ersten Geschichten hörte, daß du »das brave islamische Hausmütterchen« seist, kam ich damit überhaupt nicht klar. Das paßte so gar nicht in mein Bild von meiner Schwester, die dominant und, wenn ihr was nicht paßt, um sich schlagend durchs Leben geht. Aber ich hatte das Gefühl, daß ich mich da nicht mehr einmischen durfte. Hab' ich ja dann auch nicht getan.

Und in der Zeit, als du mit Amer zurückkamst und ihr erst in Lindenthal, dann in Widdersdorf und zuletzt in Bayenthal gewohnt habt, waren wir uns auch nicht sehr nahe, so daß ich diese ganze Eskalation gar nicht mitbekommen habe. Erst später habe ich durch deine Erzählungen gehört, was in dieser Zeit so los war. Aber gefärbt von den ganzen Erzählungen war mir Amer zu dieser Zeit schon lange nicht mehr so sehr sympathisch.

Dann habt ihr euch getrennt, und dann erst habe ich so

richtig erfahren, was los war. Allerdings habe ich eure Befürchtungen nicht ganz ernst nehmen können. Ich erinnere mich an einen Sonntag, an dem ihr mich gebeten habt, in Widdersdorf zu übernachten, aus Sorge, Amer könnte irgendwelchen Unsinn machen. Gut, habe ich dann auch gemacht, aber ich hielt das für reichlich übertrieben. Daß es eine Fehleinschätzung meinerseits war, hat die Geschichte gezeigt. Ich hielt die ganzen Sprüche von ihm für ziemlich hohles Gerede. Ich muß leider sagen, daß ich ihn überhaupt nicht für gefährlich hielt. Eher das Gegenteil. Aber das ist ja fast immer so, daß die »Nichtaufmerksamen« nachher sagen, daß sie ihm das nie zugetraut hätten. Und da muß ich mich leider zuzählen. Ich hielt ihn noch nicht einmal dazu fähig, sich an einem Besuchstag die Fatima zu nehmen und nach Ägypten abzuhauen. Denn das erfordert doch einiges an Vorbereitung, Entschlossenheit und was weiß ich.

Er machte eher den Eindruck des »Verlierers« auf mich. Das heißt, ich hätte mir denken können, daß er irgendwann, nachdem all seine Sprüche nicht geholfen haben, und nachdem die deutschen Gerichte ihm gezeigt haben, daß das Recht über dem Mannsein steht, er seine Zahlungen eingestellt hätte und leise schimpfend in seine Heimat zurückgegangen wäre. Von daher erübrigt sich die Frage, ob ich den Wahnsinn in seinen Augen gesehen habe. Nein, habe ich nicht! Ich sah in Amer nur das Schaf im Wolfsfell.

21. Februar 1988:

An diesem Sonntag hatte ich wieder einmal Krach mit Brigitte. Und sie zog mit Laura alleine los. Wie ich später erfahren habe, wollte sie nach Widdersdorf, hat es aber im letzten Moment verworfen, weil sie wußte, daß Amers Besuchstag war. Ich war zu Hause, als der Anruf eurer Nachbarn kam. Ein unmißverständliches »Sie sollen bitte sofort kommen!« Ich habe dann sofort zurückgerufen und hatte dich am Apparat. Aber so wie du geredet hast, konnte ich nicht annehmen, daß mit dir oder deinen Kindern etwas war. Ich war absolut sicher, daß mit Käthie was war. Trotzdem bin ich dann sofort los. Ich weiß noch, daß ich dann auf dem Stück Landstraße neben dem »Max-Planck-Versuchsacker« mit dem Motorrad rechts rangefahren bin, weil ich aus Richtung Widdersdorf einen Hubschrauber kommen sah. Irgendwie war ich absolut sicher, daß er etwas damit zu tun hatte. Nur konnte ich mir das absolut nicht erklären, was ein Hubschrauber soll, wenn eine alte Frau umkippt.

Dann: Die Situation in der Straße, in die unsere Stichstraße mündet, war für mich absolut unerklärlich. Ich weiß nicht mehr, wie viele Blaulichter ich dort gesehen habe. Ich bin zuerst von einem uniformierten Polizisten gefragt worden, wer ich sei, und dann von einem Zivilen hineinbegleitet worden. Als ich reinkam, sah ich dich hinten im Wohnzimmer absolut ruhig und unbeteiligt. Bernd brach weinend in meinen Armen zusammen. Du hingegen kamst mir sehr kühl vor. Ich wußte da noch nicht, daß du bis oben hin voll warst mit Beruhigungsmitteln. Ich weiß nicht mehr so wahnsinnig viel, was dann alles los war. Ich weiß noch, daß dieser zivile Polizist sehr nett mit mir gesprochen hat und mir erklärt hat, warum sie auch dich vernommen haben. Nämlich um ausschließen zu können, daß du geschossen hast.

Ich weiß dann noch, daß es irgendwann hieß, daß Käthie draußen sei, gerade zurückgekommen von Oma. Ich sollte raus, ihr entgegengehen und sie möglichst sanft auf die Situation vorbereiten. Ich habe sie dann versucht zu informieren und habe festgestellt, daß ich hundertmal aufgeregter war als sie. Ich weiß noch, daß sie absolut ruhig war. Als nächstes erinnere ich mich, daß ein Polizist fragte, wer unten sauber machen würde, und ich weiß noch, daß dafür keiner da war außer mir. Und das war furchtbar, als ich dann da unten alleine war und an Hand der »Verschmutzungen« sehen konnte, wer wo gestanden, gesessen und gelegen hatte! Das war heftig! Und es war nicht nur reines Blut, was es wegzuputzen galt!

Später, als Brigitte geholfen hat und wir zusammen saubergemacht haben, haben wir keinen Ton geredet. In meiner Erinnerung ist mir nur geblieben, daß Onkel Jakob ausgesprochen hilfsbereit war und an allen Ecken und Kanten seine Hilfe angeboten hat. Alleine, daß er die ganzen Formalitäten mit der Beerdigung erledigt hat, war enorm.

22. Februar 1988:

Das ist so deutlich in meiner Erinnerung: Fatima auf dem Tisch, so lieb und ganz still lag sie da, daß man es nicht glauben mochte. Das treibt mir heute noch die Tränen in die Augen. Du bist an diesem Montagmorgen in die Klinik gerufen worden, da Fatima nicht mehr zu retten war und man dich um die Erlaubnis zur Organspende bitten wollte. Ich glaube, Jakob hat dich und mich gefahren. Als wir ankamen, war Fatima schon tot. Es war nur noch die Möglichkeit, sich jetzt so von ihr zu verabschieden. Ich habe diese Situation noch unglaublich deutlich in Erinnerung. Jakob blieb in der Nähe der Tür stehen und hat – glaube ich – nichts gesagt. Ich habe den Eindruck, daß wir wahnsinnig lange in diesem Raum waren. Ich habe leider sonst unglaublich viel vergessen, ich weiß nichts weiter von diesem Tag.

Ich denke sehr häufig an die Kinder und leider auch an Amer. Wenn ich Mulatinnen in Fatimas Alter sehe oder auch Typen wie Amer, dann denke ich sehr oft: Was wäre, wenn?? Anhand von vielen Beispielen sieht man, daß die Täter oftmals nach zehn Jahren ihr »Lebenslänglich« abgesessen haben. Was wäre, wenn? Februar vorigen Jahres wäre er rausgekommen. Wie wäre das? Was würde das für Gefühle in mir auslösen? Müßte ich dich vor dir geschützt haben, damit du ihn nicht plattmachst? Aber das sind alles Hirngespinste.

Was mir oft einfällt und auch manchmal ein wenig hilft, ist: Was zählt, wenn man an das Furchtbare eines solchen Verbrechens denkt, dann schon, daß man die Schnauze manchmal voll hat von seinem Job oder daß Laura oder Ronja eine Fünf mit nach Hause bringen. Dann denke ich mir, »andere« wären überglücklich, wenn ihre Kinder eine Fünf mit nach Hause bringen würden.

Tja, meine liebe Gabi, irgendwie freue ich mich auch auf dieses Buch, selbst wenn »es nur ein Manuskript« sein wird! Und ich halte dir die Daumen, daß du nicht auf halbem Wege aufhörst zu schreiben.

Dein Bruder Thomas

Bruno

Ich bin einigermaßen überrascht, daß du nach zehn Jahren das von dir so bezeichnete »Familiendrama« noch einmal aufzuarbeiten gedenkst. Ich hatte anläßlich der in den letzten Jahren zwar immer nur kurzzeitig stattfindenden Kontakte und Besuche auf Grund deiner Heiterkeit und Unbeschwertheit den Eindruck gewonnen, daß du die damaligen tragischen Ereignisse verarbeitet und bewältigt hattest. Sicher war und ist mir bewußt, daß man Derartiges nicht vergessen und verdrängen kann. Viele schlimme Bilder und Geschehnisse treten aber doch nach so langer Zeit – Gott sei Dank! – in den Hintergrund zugunsten jüngerer positiver Erlebnisse und vielleicht auch schöner Erinnerungen an Zeiten mit den Kindern.

Ich sehe die Gefahr, daß durch die Befassung mit den Geschehnissen alte längst verheilte Wunden wieder aufgerissen werden und du bei der Darstellung und Niederschrift an Punkte und Ereignisse gelangst, an denen zwangsläufig die Frage auftaucht, ob nicht die rechtzeitige Weichenstellung in eine andere Richtung das Drama hätte verhindern können. Macht es jetzt noch Sinn, sich derartigen quälenden Fragestellungen auszusetzen und dabei möglicherweise Vorwürfe gegen sich selbst oder Dritte zu erheben? Ich will damit keinesfalls sagen, daß du dir Vorwürfe zu machen hättest. Dafür habe ich viel zu wenig Erkenntnisse über die damaligen Entwicklungen in deiner Ehe.

Selbstverständlich will ich dir zum Gefallen etwas aus meiner Sicht zu Papier bringen. Dabei gilt für mich natürlich in noch höherem Maße dasjenige, was du auch in deinem Brief schon angemerkt hast, daß nämlich vieles schon vergessen ist. Zusätzlich glaube ich nicht, daß ich Fakten liefern kann, die du nicht selbst kennst. Ich besaß – soweit ich mich erinnern kann – und besitze keinerlei derartige weitergehenden Kenntnisse von Dingen und Vorgängen.

Wie habe ich Amer gesehen und erlebt?

Anläßlich meiner Befassung mit diesem Brief und deiner Fragestellung habe ich mir die Frage gestellt, wie oft und zu welchen Anlässen ich überhaupt mit Amer zusammengetroffen bin. Ich kann die Anzahl der Begegnungen wohl fast an einer Hand abzählen. Kennengelernt habe ich ihn noch in Lindenthal, wo wir dann allenfalls zweimal zusammengetroffen sind. Ich erinnere mich sodann an den Besuch des Rosenmontagszuges, bei dem er sich nach meiner Erinnerung aber absonderte. Wenn ich mich recht entsinne, habe ich ihn dann einmal in deiner Wohnung in der Siebachstraße getroffen, bevor ihr nach Assuan abgereist seid und euch hier bei uns in Zollstock verabschiedet habt. Nach eurer Rückkehr sind wir in Widdersdorf allenfalls zwei oder drei Male mit Amer zusammengetroffen. Bei vielen unserer Besuche hielt er sich in eurer Wohnung im Untergeschoß oder bei Freunden oder in der Moschee auf. Von daher fällt es mir ausgesprochen schwer, Amer einigermaßen zu charakterisieren. Hinzu kamen ja auch noch nicht unwesentliche Verständigungsschwierigkeiten.

Ich würde Amer als ruhig und verschlossen bezeichnen, der auf mich keinen besonders glücklichen und zufriedenen Eindruck machte. Dies hing sicherlich auch mit seiner Situation in einer für ihn völlig fremden Umgebung zusammen, in der er sich auf Dauer genausowenig zurechtfinden konnte wie du in Assuan. Dies schließt zwangsläufig an deine nächste Frage an, ob die Ereignisse vorherzusehen waren. Natürlich war dies nicht der Fall.

Vorhersehbar für mich und jedermann war aber, daß es angesichts der kulturellen und religiösen Verschiedenartigkeit der Menschen in einer solchen Beziehung zwangsläufig zu Konflikten kommen mußte. Daran, daß sie ein solches Ausmaß annehmen würden, habe ich nicht gedacht.

Natürlich war ich nach dem Tod deines Mannes und der Kinder tief betroffen. *Gelitten* haben aber unsere Kinder unter den Ereignissen. Ich habe ihre Wein- und Schreikrämpfe noch vor Augen und in den Ohren. Selbstverständlich waren wir nicht in der Lage, ihnen die Vorgänge plausibel zu machen und zu begründen. Das Unvermögen, den Kindern vor dem Hintergrund dieser dramatischen Geschehnisse vernünftige Hilfestellung geben zu können, hat Rita und mir sehr zugesetzt. Diese Ohnmacht führte schließlich dazu, daß wir den Rat eines Psychologen einholten, der uns dann auch riet, Tobias und Sebastian nicht zur Beerdigung deiner Kinder mitzunehmen, sondern den Abschied anders zu gestalten, was wir befolgt und in der Folgezeit auch nicht bedauert haben.

Liebe Gabi, ich wünsche dir, daß die Befassung mit dem

Stoff dir nicht zu schwer wird und du das zu Ende führen kannst, was du dir vorgenommen hast.

Dein Bruder Bruno

Laura

Als Papi mir erzählt hat, daß du ein Buch schreibst, fand ich das ganz toll. Daß du mich jetzt gebeten hast, meine Erinnerungen und Gefühle von früher und heute aufzuschreiben, hat mich ganz besonders gefreut. Ich denke heute noch so oft an Fatima, Gregor und Gloria. Ich möchte auch, daß du das weißt! Ronja fragt manchmal auch, wie das denn früher alles so gewesen ist. Je mehr man darüber spricht, umso besser kann man es meiner Meinung nach auch verarbeiten. Deshalb finde ich es auch so toll, daß du darüber ein Buch schreiben möchtest.

Jedes Jahr, am 21. Februar, habe ich immer so ein komisches Gefühl, und ich denke den ganzen Tag darüber nach, wie das damals vor zehn Jahren alles gewesen ist. Ich habe es damals ja erst eine Woche später erfahren. Ich weiß es noch genau: Ich habe mit Mama einen Schmetterling gebastelt und ihn an unser Küchenfenster geklebt. Dann haben wir eine kleine Puppe im Garten vergraben.

Mama hat gesagt: »Ihre Körper liegen zwar unter der Erde, aber ihre Seelen sind immer bei uns und in unseren Gedanken und Erinnerungen.«

Ich war damals fest davon überzeugt, daß Fatima mein Schutzengel sei. Das glaube ich eigentlich auch heute noch.

Dieses Jahr, am 21. Februar, als ich gerade in der Schule war, hab' ich die ganze Zeit nur über die Kinder nachgedacht und natürlich überhaupt nicht im Unterricht aufgepaßt. Auf einmal mußte ich anfangen zu weinen und bin einfach aus der Klasse gerannt. Ich weiß auch nicht genau, warum mir das passiert ist. Mein Lehrer und meine Freunde kamen dann zu mir und haben gefragt, was denn mit mir los sei. Ich habe dann von einem Todesfall vor zehn Jahren erzählt, weil ich nicht wollte, daß diese Geschichte zur Attraktion in der Klasse wurde. Meine besten Freunde wußten natürlich Bescheid, und ich habe später mit ihnen noch ganz lange darüber gesprochen. Das hat richtig gut getan!

Deine Nichte Laura

Brigitte

Daß du ein Buch über deine Geschichte schreibst, finde ich sehr, sehr gut. Ich könnte mir vorstellen, daß es für dich allein und ganz persönlich sehr wichtig ist, die Geschichte aufzuschreiben, um dadurch sicher auch noch einmal alle Höhen und Tiefen zu durchleben. Es ist sicherlich nicht leicht für dich. Ich denke, wir haben nichts davon vergessen, vor allem die Kinder nicht. Man spricht zwar nicht mehr mit dir offen darüber, weil man doch die Sorge hat, bei dir die alten Wunden aufleben zu lassen.

Ich kann jedoch für mich und Laura sagen, daß wir auch heute noch nach der langen Zeit sehr oft über die Kinder, vor allem von Fatima, sprechen: wie alt sie jetzt wäre, wie sie jetzt aussehen würde und so weiter. Lauras und Fatimas Leben wären ja schon durch die Altersgleichheit sehr ähnlich verlaufen, und bei jeder Veränderung bei Laura mit Schule, Kommunion oder anderen großen Ereignissen sprechen wir eigentlich von Fatima. Ebenso schauen wir immer wieder Fotos aus der Zeit an, da die beiden wirklich viel zusammen waren.

Als du Amer kennengelernt hattest, hast du mir viel von

deiner Verliebtheit erzählt... und es war ja auch gar nicht leicht, ihn damals nach Köln zu der Hochzeit von Thomas und mir einzuladen. Als er dann tatsächlich da war – ich glaube, es war eine Woche nach der Hochzeit – war ich überrascht, wie gut er aussah, und ich konnte dein Interesse an ihm sehr gut verstehen. Ich fand ihn sehr sympathisch, attraktiv und weltoffen und besonders liebevoll zu dir. Wie du ihn dann heiraten wolltest, da haben wir uns auch über die Schwierigkeiten unterhalten, die eine christlich-moslemische Ehe mit sich bringen könnte, und ich weiß, daß dir sehr wohl die Probleme einer solchen Verbindung bewußt waren. Klar war auch, daß jede Ehe mit großen Höhen und Tiefen verbunden ist und wir in deutsch-deutschen Ehen nun ja ebenfalls mit Ursprungs- und Herkunftsunterschieden kämpfen müssen. Ich fand euch beide wirklich passend und Amer besonders nett.

Als du dann schwanger nach Ägypten gegangen bist, haben wir uns geschrieben, und ich fand deine Umstellung und Anpassung ganz phänomenal und hatte nicht den Eindruck, daß du unglücklich in Assuan warst. Für mich war dein damaliges Leben in einer völlig anderen Welt höchst interessant, und ich habe deinen Mut und deine Standhaftigkeit, dich dort zu behaupten, immer bewundert.

Als Amer nach eurer Rückkehr aus Ägypten nach Deutschland kam, fand ich ihn verändert. Er war ernster, jedoch sehr bemüht, hier Fuß zu fassen. Zu der Zeit, als du mit Amer und Fatima in der Goltsteinstraße wohntest und mit den Zwillingen schwanger warst, haben wir Amer weniger gesehen. Du hattest jedoch Kummer und Theater mit seinen Freunden. Er ging wohl häufiger aus, brachte fremde Menschen in deine Wohnung, die du zu bedienen hattest, gab Geld aus für unnütze Dinge. Du warst sehr unzufrieden mit ihm. Thomas erzählte damals, Amer wäre nicht gut zu dir. Er war sauer, daß Amer dich schlecht behandelte.

Dann kam auch bald die Trennung, wo du zu Käthie und Bernd nach Widdersdorf gezogen bist, und ich fand das richtig und gut, vor allem, weil du schwanger warst und in dieser wichtigen Zeit braucht ja wohl jede werdende Mutter Schutz und Hilfe. Die Probleme in der Trennungszeit von Amer waren die gleichen, die sich eigentlich bei jeder Trennung ergeben. Die kannte ich ja auch, diese Verhandlungen mit Jugendamt, Sorgerecht, Besuchsrecht und so weiter. Bei dir kam für mich sichtbar noch der erschwerende Umstand hinzu, daß du große Sorgen hattest, daß Amer Fatima nach Ägypten entführen könnte. Dies war bestimmt mehr als berechtigt. Das ist nun ja wirklich keine Seltenheit. Das waren sicher Sorgen, die nur jemand in der gleichen Situation richtig beurteilen kann.

Die Geburt von Gregor und Gloria war eine große Freude für alle, und ich fand dich in dieser Zeit mit Fatima und den Zwillingen trotz aller Sorgen und Nöte außerordentlich Spitze! Du warst eine tolle Mutter! Ich habe mich gewundert, wie gut du die Situation gemeistert hast. Trotz aller Arbeit warst du eine fröhliche Mama und hattest alles gut im Griff. Dann bist du wieder als Arztsekretärin berufstätig geworden, weil es dir ganz wichtig war, wieder selbständig zu werden. Gut fand ich auch die Mischung deiner Konsequenz mit Grenzen, deine Fröhlichkeit und Nähe zu den Kindern und deinen Wunsch nach finanzieller Unabhängigkeit, um deine Familie eines Tages einmal selbst zu organisieren. Du hattest in meinen Augen angefangen, deinen Weg strategisch so aufzubauen, daß du als alleinerziehende Mutter deine Familie einmal selbst ernähren kannst, und wir haben oft darüber diskutiert, daß das auch mit etwas Geduld und dem Größerwerden der Kinder klappt.

Für dich war bei allen Problemen mit Amer klar, ihn die Kinder auch erleben zu lassen. Er hatte seine Besuchstage, du hast dich mit ihm ausgetauscht und ihm die Kinder nicht entzogen. Du hast dich selbst um Amer noch gekümmert, wenn es ihm schlechtging, und zwar mit dem Selbstverständnis: Ich habe ihn geheiratet, so muß ich mich auch um ihn kümmern (als er zum Beispiel im Krankenhaus lag). Deine Sorge um die Entführung der Kinder war allerdings für dich immer präsent. Aus diesem Grunde durfte er die Kinder nicht alleine besuchen oder gar mitnehmen. Auch hattest du die Kinderpässe immer unter Verschluß.

Der Horrortag selbst war bereits morgens für mich ein merkwürdiger. Ich wollte an diesem Tag eigentlich mit Laura zu dir nach Widdersdorf kommen, da meine Waschmaschine kaputt war und ich meine Wäsche irgendwo nebenbei waschen wollte. Mein Vater wohnte damals in Königsdorf, und ich bin dann zu ihm gefahren, da ich ihn so lange nicht mehr besucht hatte. Nachmittags waren wir wieder zu Hause. Ich weiß nicht mehr genau die Uhrzeit, als Rita mich anrief. Ich war an diesem Tag nur am Heulen, weil ich den Donnerstag davor mittels B-Test erfahren hatte, daß ich schwanger war und nicht wußte, wie ich das alleine schaffen würde. Thomas und ich hatten diesbezüglich einen wahnsinnigen Krach. Nun, an dem besagten Unglückstag rief mich Rita mit zitternder Stimme und weinend an, irgend etwas sei in Widdersdorf passiert. Bei ihr würden Reporter anrufen und nach Dingen fragen, die sie nicht weiß. Ich war ganz ruhig und fragte: »Hast du in Widdersdorf angerufen?«

»Nein«, sagte sie, »ich traue mich nicht.«

Ich habe sofort bei euch angerufen und hatte Käthie am Telefon. Es war eine merkwürdige Situation, das habe ich sofort gemerkt. Meine Frage war: »Tag, Käthi, was ist bei euch los?«

Käthie: »Was soll bei uns los sein?«

Ich: »Käthi, bitte sag, was los ist. Bei Rita rufen Reporter an, bitte sag jetzt, was ist.«

Käthi: »Ich weiß, daß du schwanger bist, und ich gebe dir jetzt Thomas.«

Thomas war dann ganz ehrlich, und er sprach kurz und knapp über die Tragödie, soweit sie zu diesem Zeitpunkt bekannt war. Ganz Widdersdorf war gesperrt, Gregor war tot, Amer auch, und zwei Hubschrauber hatten Fatima und Gloria bereits weggeflogen. Bei euch war ein Arzt, um euch medizinisch zu versorgen. In den Souterrain durfte niemand hinein, euer Haus war voller Polizei, und du standest nach seinen Aussagen unter Schock und warst voller Medikamente. Thomas kam abends dann zu mir in das Appartement. Er brach völlig zusammen. Wie ein Baum fiel er auf den Boden, so daß ich zuerst einen Arzt für ihn holen wollte. Dann habe ich ihm Tranquilizer gegeben, die ich noch im Medikamentenschrank hatte.

Die Tage danach waren das Schlimmste, was ich je erlebt hatte! Ich habe morgens zu Fuß Laura in den Kindergarten gebracht und war geschockt von den Zeitungsständen, wo auf ersten Seiten unter riesigen Lettern Fatimas Foto gebracht worden war. Ich lief mit Laura Amok, sie wußte noch von nichts. Dann kam ich nach Widdersdorf, wo Thomas und ich versuchten, deine Räume wieder aufzuräumen, es war grauenvoll! Die nächsten Tage waren wir in Widdersdorf beschäftigt, Kartons zu packen. Du und Käthie, ihr wart nicht ansprechbar und standet permanent unter Medikamenten. Bernd weinte viel. Als Fatima so schnell in der Uniklinik starb, brach für uns eine Welt zusammen.

Der Kampf um Gloria, deine Kraft und der tägliche Weg in die Klinik. In der Unikinderklinik habe ich dich, Käthie und Gloria besucht, und ich sah das schwerverletzte und vieloperierte Kind, das jämmerlich weinte. Du hast viel gesprochen über die Bemühungen der Ärzte, Glorias Leben zu retten. Die Ärzte mußten sich Literatur aus den Kriegsjahren besorgen, weil sie in der heutigen Zeit zu wenig Erfahrung mit Schußverletzungen hatten, um sie entsprechend operieren zu können, und du warst voller Kraft und Hoffnung, daß sie überlebt. Du hast an einem sonnigen Tag den Kinderwagen in die Klinik geschafft, damit du Gloria ausführen konntest, und wir haben alle mit dir gehofft, daß Gloria überlebe. – Heute denke ich, es kann auch eine Gnade sein, nicht zu überleben. – Als sie starb, war es schrecklich, doch wir dachten auch, jetzt hat sie keine Schmerzen mehr, und ihre Qual hat ein Ende! – Was man fühlte, kann man mit Worten nicht ausdrücken.

Zu der Zeit hatte ich noch das Geschäft in der Zülpicher Straße. Dort hatte ich sehr guten Kontakt zu Bert van der Post, ein Priester, der bei der Aids-Hilfe arbeitete und als Theologe auf der Palliativ-Station der Uniklinik Sterbehilfe leistete. Bert war meine Hilfe für meine eigene Betroffenheit und Trauer und den Umgang mit dem Tod der Kinder, meine Heulerei und auch die Wut, den Umgang mit Laura, sowie wieder normal arbeiten zu können. Bert kam mich jeden Tag besuchen, sprach mit mir und mit Laura, und ich danke ihm noch heute, daß er mir vor allem für Laura so eine Hilfe war. So konnte ich ehrlich und offen mit ihr über alles sprechen, habe von Tod und einem Weiterleben nach dem Tod mit ihr reden können, habe ihr auch Amers Not erklären können.

Laura hat wochenlang bitterlich um Fatima geweint, und sie hat die Kinderbeziehung zu Fatima nicht beendet, sondern verändert mit Berts Hilfe, in dem Glauben, daß Fatima, Gregor und Gloria nun in einer anderen Welt leben. Wir haben Laura einen bunten Schmetterling gebastelt für Fatima, der monatelang an unserem Küchenfenster hing. Dann haben wir ihn im Garten begraben und überlegt, was sie sagen würde. – Und Laura wußte immer, was Fatima meinte. Sie hat ein Kinderbuch zur Erinnerung an Fatima, Gregor und Gloria, was bilderbuchmäßig aufzeigt, wie man Abschied von Menschen nimmt. Dieses Buch ist heute noch für Laura ein großer Schatz.

Wir haben mit dir nie offen über alles gesprochen, vor allem nicht, wie du damit zurecht kommst, ohne deine Kinder zu leben. Du hast mir einmal gesagt, daß dein Leben nicht mehr lebenswert ist, daß du dein Leben beenden könntest und manchmal überlegen würdest, ob du es nicht tun solltest und einfach von einem hohen Dach runterspringen sollst. Ich habe dir damals empfohlen, Hilfe zu suchen, um deinen Schicksalsschlag für dich zu überleben, in Gruppen mit Müttern oder Eltern, denen Ähnliches geschehen ist, oder in einer Therapie. Doch zu der damaligen Zeit war das für dich unmöglich. Du hast dich ganz alleine mit allem auseinandergesetzt. Ich habe dich immer bewundert, daß du trotzdem dich selbst nicht aufgegeben hast!

In jedem von uns ist eine große Wunde entstanden, und ich kann auch heute noch keinen Abend oder eine ungeschlafene Nacht verbringen, ohne an Fatima, Gloria und Gregor denken und darüber wütend und traurig zu sein, daß sie nicht mehr da sind. Ich denke immer wieder an schöne Situationen mit dir und deinen Kindern, in meinem Garten, am Otto-Maigler-See, an Geburtstage in Widdersdorf oder bei uns, an Fatima, als sie bei uns zum ersten Mal übernachtete und vieles mehr.

Das Unglück war nicht absehbar. Ich hätte nie geglaubt, daß Amer dazu fähig sei, seine Kinder mit sich zu nehmen in seinem Leid. Heute, mit Abstand betrachtet, sage ich mir, sein Kummer und seine Einsamkeit müssen so groß gewesen sein, daß diese Katastrophe eine Verzweiflungstat war. Das war tatsächlich für niemanden sichtbar. Für dich am allerwenigsten. Alle, die es miterlebt haben, hat es verändert. Mich in dem Sinne, sehr vorsichtig mit meinen Kindern zu sein. Auch ich habe Angst, meine Kinder verlieren zu können und flippe heute aus, wenn eines zeitlich überfällig ist oder nicht da ist, wo ich es vermute. Auch ich habe heute noch Angst, ein Kind durch Krankheit oder Verbrechen zu verlieren und bin an dieser Stelle hypersuperempfindlich geworden.

Eigentlich weiß ich nicht, wie du es schaffst, damit zurechtzukommen, ohne deine Kinder zu sein. Mutter ist man auf Lebenszeit, auch wenn die Kinder nicht mehr da sind! Nie vergesse ich den Satz von dir, als du mir das Erziehungsbuch von Dreikurs gegeben hast mit den Worten: »Ich brauche es jetzt nicht mehr!«

Man sagt immer so banal, Zeit heilt Wunden, doch solche Wunden sind nicht heilbar. Ich glaube eher, du hast für dich einen Weg gefunden, dich zu arrangieren. Daß du jemand bist, daß du wichtig bist – auch für andere! – brauche ich eigentlich nicht zu erwähnen.

Ich habe dich immer bewundert für deinen Mut für ein freies Leben, für und gegen Männerbeziehungen, selbstbewußte Entscheidungen, Stärke und Kraft. In unserem Muttersein fand ich uns immer etwas ähnlich, mit viel Nähe zu den Kindern, jedoch auch der Fähigkeit, für das eigene Ich zu kämpfen, unabhängig von Zivilisationsdruck und Dogmen.

So, liebe Gabi, viele emotionale, persönliche Gedanken. Ich finde es phantastisch, daß du dieses Buch schreibst und dich damit noch einmal der ganzen schrecklichen Situation stellst.

Vielleicht wirst du mit dem Buch präsenter sein für viele, die Ähnliches erlebt haben, denn die gibt es ja. Allein bist du mit deiner Situation in der Welt nicht! Hoffentlich wird das

Buch veröffentlicht und kann Trost oder auch Warnung sein für andere Frauen. Ich finde es stark, daß du deine Energien in dieses Buch steckst und die Geschichte noch einmal aufbereitet hast.

Deine Schwägerin Brigitte